Laurence

FOU DE MYLENE FARMER

deux années à l'attendre...

Christophe-Ange Papini

FOU DE MYLENE FARMER

deux années à l'attendre...

K&B
JEAN-FRANÇOIS KOWALSKI
CAROLINE BEE ÉDITEURS

À tous les acteurs et les figurants qui ont joué un rôle dans le film qu'est ma vie, que j'ai aimés ou non, qu'ils m'aient aimé ou non…

prologue

Je m'appelle Christophe et je vais sur mes vingt ans. Je ne suis pas célèbre, je n'ai pas fait d'émission de téléréalité, je ne suis pas non plus atteint d'une maladie rare et je n'ai subi aucun traumatisme grave. Je suis juste fan d'une des plus grandes stars de la chanson française, une icône flamboyante venue de nulle part : Mylène Farmer.

Au départ, ce livre était un blog, un de ces journaux intimes qu'on publie sur Internet. Il raconte comment je suis devenu fan, jusqu'à l'extrême, à quel point Mylène a eu une influence sur ma vie, à la fois bonne et mauvaise. Il parle de mes rencontres avec elle, du manque, de la souffrance, de la joie, des longues attentes en bas de son domicile pour « l'apercevoir », pour simplement la toucher, une activité qui est devenue une véritable drogue pour moi au fil du temps…

Fou de Mylène Farmer, c'est avant tout mon journal. Il décrit autant ma vie de fan, bien loin des stéréotypes qu'en donnent les médias, que mon existence d'adolescent qui devient un homme. Beaucoup ne verront dans mes excès que la traque incessante d'une femme publique. Mon souhait le plus cher est de leur faire mieux comprendre ce qui se cache derrière ceux qu'on appelle « les stalkers », ce qui motive et fait vibrer ces « traqueurs de stars »…

première partie

CELUI QUI DEVIENT FAN

I

Je suis né à Metz en 1985. J'y ai vécu pendant 14 ans, entouré de mes parents, et de mon petit frère. Une famille extrêmement banale, comme on en croise tous les jours. Pas de problèmes particuliers à signaler. Je ne m'appesantirai pas sur ma famille, je suis un garçon pudique, malgré les apparences…

Pour moi, Mylène Farmer a toujours été une grande artiste. Tout petit déjà, je regarde avec beaucoup d'attention les magnifiques courts-métrages que sont les clips de Laurent Boutonnat[1]. Ma mère et moi, nous aimons beaucoup Mylène. Il faut admettre que rares sont les personnes qui, au début des années 90, restent insensibles aux charmes de la diva. À cette époque, Mylène défraye souvent la chronique, en bien comme en

---

[1] Laurent Boutonnat est indissociable de Mylène Farmer. Ce fils de bonne famille rencontre Mylène en 1983 et la choisit pour interpréter « Maman a tort », son premier titre. Dès lors, ces deux-là ne se quitteront plus et Laurent restera le compositeur attitré de Mylène, encore aujourd'hui. On lui doit les clips flamboyants et les mélodies accrocheuses qui ont fait la griffe « Farmer », mais également les longs-métrages *Giorgino* (1994) et *Jacquou le Croquant* (2006).

mal, et chacun de ses retours médiatiques est remarqué. « Sans contrefaçon », « Pourvu qu'elles soient douces », « Désenchantée »... sont autant de chansons qui me font adorer l'artiste, mais de façon dilettante. Puis en 1995, c'est l'album *Anamorphosée*, avec « California », que j'aime tout de suite, puis « Comme j'ai mal », chanson que je beugle régulièrement dans ma tête. Bref, Mylène Farmer accompagne discrètement mon enfance de petit garçon sage et sans histoires. Elle est là sans être là, je l'aime sans vraiment le savoir. De toute façon, on ne devient pas « fan » quand on est enfant, je crois que c'est un processus qui a lieu à l'adolescence, ou plus tard, peut-être dans des moments de fragilité. D'autres fans ne me contrediront pas, je pense.

Le déclic se produit avec la sortie de l'album *Innamoramento*, en 1999. Après plusieurs années de silence, Mylène fait un retour réussi et très attendu, notamment avec le clip « L'âme-stram-gram », une magnifique histoire de double filmée en Chine par Ching Siu Tung. Elle est plus belle et majestueuse que jamais. J'ai 15 ans, et je me sens fragile. Bizarrement, je ne « plonge » pas dedans tête baissée. Certains fans vous décrivent leur passion comme un coup de foudre. Pour moi, ça n'a pas été le cas. Je me rappelle très bien avoir abondamment critiqué le clip de « Souviens-toi du jour »[2] avec ma mère : comment une femme d'une quarantaine d'années peut-elle se balader à moitié nue dans ses clips et se maquiller ainsi démesurément ? Je ne supporte pas non plus le titre « Optimistique-moi ». Dès que j'entends les premières notes, il faut que je change de chaîne. Quant à « Dessine-moi un mouton », c'est une torture pour moi, je la trouve super niaise !

Mon seul bon souvenir de cette époque reste « Je te rends ton amour »[3]. La chanson me fait vraiment un effet indescriptible, et le clip m'envoûte, notamment ce mélange de sexe, de violence et de religion. Même si je ne suis pas encore fan, je veille parfois toute la nuit

---

[2] « Souviens-toi du jour » est un single de Mylène issu de l'album *Innamoramento* et sorti en septembre 1999. Le clip, réalisé par Marcus Niespel, montre la chanteuse en tenue suggestive se consumant de désir dans un appartement en feu. Comme la chanson évoque l'Holocauste, certains ont trouvé le lien déplacé.

[3] « Je te rends ton amour » est le second extrait de l'album *Innamoramento*. Son très beau clip, réalisé par François Hanss, a fait couler beaucoup d'encre, puisqu'il montre la chanteuse se faisant violer dans une Église. Interdit de diffusion avant minuit par les chaînes de télévision, le clip sort dans le commerce avec un fascicule de photos du tournage. Il s'écoule immédiatement à 70 000 exemplaires et les bénéfices sont reversés à l'association « Sidaction ».

devant les chaînes musicales dans l'espoir de le voir en entier, chose qui m'arrive fréquemment. Je suis fasciné par la beauté du clip et cette forme de libertinage philosophique dont Mylène fait preuve. Tout me plaît, l'image du clip, la robe de Mylène (ce qu'il y a dedans aussi), la chanson, la musique, tout…

Puis au fur et à mesure du temps, Mylène retombe aux oubliettes… Les adolescents sont rarement fidèles. J'écoute très peu de musique. Comme la majorité des jeunes de mon âge, j'agis comme un mouton et j'écoute ce que mes amis aiment… Je tente de me faire une personnalité en prenant exemple sur les autres…

En 2000, je rentre en seconde. Nous ne sommes que cinq garçons, je n'ai aucun ami de mon collège avec moi… Je ne parle pas aux gens de ma classe, je suis toujours seul et j'ai l'impression que tout le monde est contre moi. Je ne supporte même pas d'être au milieu de la salle. Si je ne suis pas au fond, à côté de la fenêtre, je fais une crise de spasmophilie. À chaque pause, il faut que j'aille m'isoler, je m'enferme dans les toilettes, pendant les récréations, c'est pareil. Le midi, j'attends des amis dans d'autres classes et quand ils ne sont pas là, je ne mange pas car, contrairement à la chanson de Stephan Eicher, je ne veux pas déjeuner en paix.

celui qui devient fan

Je commence vraiment à devenir malade. Chaque semaine, je passe au moins deux à trois heures à l'infirmerie… Je prends des cachets contre le stress, puis des sédatifs. À la maison, ça ne va pas, c'est nul. Comme tout le monde, j'ai atteint l'âge où je déteste ma famille et où je ne vis que dans mes rêves utopiques. Alors, le mercredi après-midi, je me rends à « l'accueil psychologique pour adolescents » de ma ville, ce qui me permet de parler avec des médecins. Mais personne ne me comprend. J'ai besoin de quelque chose, mais je ne sais pas quoi, je souffre, mais je ne sais pas de quoi…

L'année passe sans que je ne retienne rien, mes cours ne m'intéressent pas, ma classe est loin de moi, je ne parle quasiment jamais à ces gens. Mon seul refuge, c'est la lecture et mon ordinateur. Je passe des week-ends à lire, je m'abonne à la bibliothèque et dévore livre sur livre. Tout d'abord, je me gave des classiques qui me sont conseillés, comme les pièces de théâtres de Molière. Puis certaines œuvres très connues me touchent, comme *Quand j'avais 5 ans je m'ai tué* ou *Le cercle des poètes disparus*, avant que je ne découvre des ouvrages plus « libertins », plus à mon goût… Les poèmes érotiques de Verlaine, que je trouve dans la bibliothèque de ma maman, Georges Bataille, sans oublier les contes libertins de Lafontaine. Je passe pas mal de temps avec un ami de ma classe précédente et on s'échange des jeux vidéos, ce qui devient rapidement mon unique passe-temps. Je plonge dans un univers virtuel et sécurisant, le seul dans lequel je me sente bien.

Quand l'année se finit, je décide de redoubler. Je veux effacer les mois précédents et tout reprendre à zéro. Mes professeurs ne comprennent pas, j'ai pourtant des résultats suffisamment satisfaisants pour aller dans n'importe quelle section. On me voit déjà dans une classe scientifique alors que je ne me projette pas plus loin qu'au lendemain. Finalement, ils acceptent de me faire redoubler et j'arrive dans une nouvelle classe, en septembre 2001, après un été maussade. À cette époque, je suis un véritable « otaku », comme on appelle ces adolescents japonais qui ne vivent que dans la virtualité et le fantasme. Je zappe totalement Mylène, qui repart comme elle était venue dans les zones d'ombre de mon cerveau.

Même si mon redoublement n'arrange en rien mes problèmes psychologiques, pour autant, j'arrive cette année-là à lutter plus efficacement contre eux. Je me fais rapidement des amis et un bon groupe se constitue. Comme je suis à nouveau dans une section littéraire – tout du moins dans une classe où nous savons que la majorité se destine à entrer en première littéraire –, nous sommes très peu de garçons... Allez savoir pourquoi il y a plus de filles que de garçons dans les classes littéraires, je ne saurais pas dire ! Mon petit groupe d'amis ne se compose que de trois « mâles » (moi y compris) et d'une dizaine de demoiselles. Autant dire qu'on a le choix ! Très vite, des amitiés fortes se mettent en place, et des sentiments même plus fougueux. Je tombe amoureux... de deux filles, et l'une d'elle va bientôt me faire découvrir ce qui changera radicalement ma vie...

II

Les deux filles que j'aime particulièrement sont diamétralement opposées. La première, Carole, est plus âgée que moi mais très petite physiquement et assez « simple » d'esprit, tandis que l'autre, Mélanie, est grande et mince et totalement dans son monde. Je les aime toutes les deux sans avoir de préférence. C'est vers Carole que je me tourne en premier. Nous nous écrivons des lettres et nous nous entendons vraiment bien. Nous nous donnons la main dans les couloirs du lycée, sur le chemin de l'arrêt de bus, dans la rue, nous sommes très proches, comme des enfants, tout va bien…

Et puis un jour, en cours, je pose la question « tu m'aimes ?» à l'autre, à Mélanie… Je n'attends pas de réponse précise, je pose souvent cette question à ceux qui m'entourent. Mélanie ne me répond pas mais cette simple question engendre un nombre élevé de textos le week-end qui suit. Je me rends compte qu'elle a des sentiments pour moi. Bref, j'aime deux filles qui m'aiment, mais moi je suis mal. Pourtant, c'est là le fantasme de tous les garçons, avoir deux filles pour soi…

FOU DE MYLENE FARMER

Mélanie écrit souvent des phrases de chansons dans ses cahiers. Toujours du Mylène Farmer, parfois un peu de Pascal Obispo. Elle dit que ces phrases choisies collent bien à notre histoire. « Au bout de la nuit », « Comme j'ai mal », « Ainsi soit je… »… des chansons de Mylène qui ne parlent que de rupture. À dire vrai, Mélanie est surtout en rupture avec elle-même. Une fan de Mylène typique, quoi. Un jour, elle me fait don d'une cassette avec « nos » chansons. Que du Mylène. Je l'écoute et je ne comprends pas bien les paroles. Alors je ressors mes vieux albums de Mylène et tous les soirs, j'écoute les chansons et je lis les paroles. Je commence à être envoûté. Je retrouve Mylène en solitaire, et me gorge de son univers.

Pourtant, c'est avec Carole que j'ai ma « première fois », une expérience qui me plaît assez peu. Nous commençons une relation sérieuse, j'ai désormais une « petite amie ». Mais c'est de Mylène Farmer dont je suis en train de tomber amoureux. Je l'écoute tous les jours, je m'endors avec elle, je m'apaise en écoutant ses albums… Rapidement, je vais chercher toutes les informations possibles sur elle, je me procure ses vidéos, je ne pense qu'à elle.

celui qui devient fan

Le 31 décembre 2001, date que je n'oublierai jamais, je passe le réveillon chez ma meilleure amie Sarah, mais aussi avec ma petite Mélanie. Lorsque Sarah s'endort, nous écoutons le best of de Mylène, *Les Mots*, et la chanson « Ainsi soit je… » démarre… C'est notre chanson à tous les deux, celle qui parle le mieux de notre amour qui ne s'est pas concrétisé. Je verse mes premières larmes sur une chanson de Mylène, puis je vais chercher réconfort dans les bras de Mélanie, et ce sont nos lèvres qui se trouvent… Après ce moment d'étreinte, certes chaste, mais fort, je la laisse pour… aller vomir. Je me sens mal et je n'imagine pas comment Carole, « l'officielle », va réagir. Je suis pathétique, « petite amie officielle » cela ne veut rien dire. Quand on « sort » avec quelqu'un ce n'est rien, juste des mots. À cette époque, je n'en ai pas conscience.

La rentrée de janvier est difficile, tout le monde a appris ma « tromperie ». Je suis la risée de tous, car les filles n'aiment pas beaucoup les garçons infidèles. Mon histoire d'amour tourne mal et dans ma tête, je suis perdu. Je ne trouve réconfort qu'auprès de Mylène. Elle devient quelque chose d'habituel dans ma journée, une présence quotidienne et rassurante. Je ne peux pas me coucher sans écouter ses chansons. Je pense que c'est à ce moment-là que je deviens « fan », « dépendant », sans comprendre vraiment comment tout ceci arrive. Rapidement, je ressens le besoin de posséder tout ce qui concerne Mylène. Je veux tout, j'ai besoin de tout… albums, live, remixes, clips… La totale… Internet arrive chez moi, et je passe mes premières heures de connexion à surfer sur les sites « farmeriens », déjà nombreux à l'époque. Je découvre des sites magnifiques, mais surtout des petites communautés de « fans » dont l'une, « Mylene Farmer is called »[4] a pris depuis un bon chemin. Chez mon marchand de journaux, incroyable, je découvre deux revues consacrées à Mylène ! *Instant-Mag* et *Mylène Farmer magazine*[5], qui deviendront des lectures régulières. Je sais maintenant qu'il y a une galaxie Farmer, bien réelle, tout un univers dans lequel je m'empresse de plonger.

Me voilà vraiment atteint, au plus profond de moi-même. Je le répète, je ne connais pas vraiment les raisons profondes de cet amour immodéré. Je suis

---

[4] Le site http://www.mylenefarmeriscalled.net est actuellement l'un des sites de référence sur Mylène Farmer avec le plus important forum de la « communauté ».

[5] Ces deux revues ont depuis cessé de paraître et ont été remplacées par d'autres.

celui qui devient fan

« fan » de Mylène, je ne parle que d'elle, je ne veux qu'elle, il me faut sa musique, sa voix, son image et rien d'autre. Je suis complètement dépendant. J'ai besoin d'elle le matin pour aller en cours, le soir pour m'endormir… Mylène est désormais omniprésente, pour le meilleur et pour le pire…

III

L'année poursuit son cours (et ses cours) tandis que mon fanatisme va en grandissant. Je ne saurais pas décrire ce que je ressens pour Mylène. C'est spécial, ce n'est pas comme l'amour ou l'amitié, c'est encore plus fort. Je navigue entre le désir, la vénération, le manque, l'exaltation…

Au lycée, mon petit groupe d'amis se dessine, avec des personnalités très différentes, et bien sûr son lot de problèmes existentiels, moi y compris évidemment ! Des amis finalement tous assez stéréotypés, exactement comme dans une série AB de mon enfance type *Hélène et les Garçons* : une fille au physique avantageux qui court désespérément les garçons, une autre (ma meilleure amie) qui a plein de problèmes familiaux et personnels, un garçon qui se cherche sexuellement…

Récemment, mes parents ont fait l'acquisition d'un lecteur DVD. Mon premier DVD est le *Mylènium Tour*[6]. Je le regarde en boucle, j'adore tout, le décor, la mise

---

[6] Le *Mylènium Tour* est le DVD de la tournée que Mylène a faite de septembre 1999 à mars 2000, pour l'album *Innamoramento*.

en scène, les chorégraphies… que je commence à reproduire… Au début je reproduis tous les gestes de Mylène grâce à la touche « ralenti » du DVD. Mais je me rends compte qu'en reproduisant les gestes face à la télé, j'apprends tout à l'envers. J'installe donc un miroir sur mon canapé, qui réfléchit la télévision et me permet d'apprendre les mouvements. Je suis assez doué à ce jeu-là. Il faut dire que j'ai un atout de taille, la patience, qui me permet de passer plusieurs heures rien que pour maîtriser deux petits pas. Je vis ma passion comme je le peux… et je ne m'en lasse pas.

Ces jours-ci, mon père doit vendre sa collection de télécartes (hyper intéressant me direz-vous). Je me rends donc, avec mes parents, à une grande brocante dans un village de ma région, où des collectionneurs et des petits particuliers revendent le contenu de leur grenier. Pendant que mon père parlemente avec un collectionneur, je m'en vais faire un petit tour et je vois de loin « Mylène ». C'est l'album de la tournée *Mylènium Tour* dans sa boîte métallique, en état neuf. Je ne l'ai pas acheté quand il est sorti, parce que mes finances ne me permettent pas tout. Il me le faut, je dois repartir avec cette boîte. Mon père me donne un gros billet pour que j'achète mon double album. C'est mon premier

« collector », et j'en prends soin comme s'il s'agissait d'un animal de compagnie. J'avoue que la comparaison n'est pas très flatteuse, mais je conserve l'objet toujours à mes côtés et je le nettoie au moins une fois par semaine avec un produit spécial.

Tous les week-ends, j'accompagne désormais mes parents dans les brocantes et les vide-greniers. J'achète mes premiers vinyles de Mylène pour quelques euros… Un jour, je tombe même sur la cassette audio de *Ainsi soit je*[7]…, une rareté. Il me faut de plus en plus de choses sur ma belle… Si je réfléchis *a posteriori*, je me dis qu'être « fan » est peut-être génétique ! En effet, mon père est fan de Renaud depuis sa jeunesse. La collection, la traque à la rareté, les heures passées à fouiller frénétiquement dans les bacs de disquaires, je connais bien, finalement ! Je vais régulièrement dans une vieille boutique de troc de ma ville, où j'ai vu mon père rechercher activement des articles sur son chanteur. Que dis-je, ce n'est pas vraiment une boutique, mais plutôt un entassement de bric-à-brac, cassettes vidéo et audio, bandes dessinées, revues… une sorte de brocante où tout est réuni et entassé dans un petit local. Là, je

---

[7] Deuxième album studio de Mylène Farmer, paru en 1988.

découvre le single « L'Instant X »[8], qui sera mon premier achat, mais aussi des vieux magazines qui parlent de Mylène : *Voici*, *Mylène Farmer Magazine*, *Gala*… il me les faut tous, je dévore tout…

Tout mon argent de poche passe pour Mylène et n'atterrit même pas dans ses caisses ! Ma quête devient inlassable, frénétique, obsessionnelle. Toutes les semaines, je vais dans les boutiques d'occasion, ce qui me permet d'ailleurs d'acquérir l'album *Ainsi soit je*… premier pressage pour 3 € (coté par les collectionneurs entre 30 et 50 €, je me suis bien renseigné) et l'album *L'Autre*[9]… pour 50 centimes, le tout en état neuf. Autant dire de belles affaires pour un radin comme moi.

Je continue à naviguer sur Internet, et par ce biais, je découvre le film *Giorgino*. *Giorgino* est le seul et unique film de Mylène Farmer à ce jour, réalisé par son complice Laurent Boutonnat en 1994, une suite logique des clips qu'il réalisait pour la rouquine. C'est un projet d'enfance de Laurent et un désir pour Mylène, qui rêvait d'être actrice. Une histoire glauque de maladie mentale et d'orphelins dévorés par des loups sur fond de

---

[8] Single issu de l'album *Anamorphosée*, 1995.
[9] Troisième album studio de Mylène, 1991.

Première Guerre mondiale… Mais le public et la presse n'ont pas suivi. Pourquoi ? Personne n'a su le dire, mais ce fut le seul et l'unique bide de Mylène et Laurent. Le film est resté quelques jours à l'affiche et n'a réuni que 60 000 pauvres spectateurs… Laurent a perdu beaucoup d'argent et il a eu énormément de mal à se remettre de cet échec. J'ai des difficultés à trouver *Giorgino*, car personne dans mon entourage ne se souvient de ce film.

Instant-Mag est à l'époque un magazine dédié à Mylène Farmer, disponible en kiosques, « luxueux et décapant » comme il se définit lui-même humblement ! Une revue qui allie habilement ironie et analyses sérieuses autour de l'univers de Mylène Farmer. Le journal a aussi permis à plein de fans d'enrichir leur vocabulaire de mots compliqués. Je commence à lire régulièrement ce magazine, un des piliers qui unit les fans de Mylène entre eux. Le site officiel d'*Instant-Mag* a un « chat », où les fans communiquent directement entre eux.

D'habitude, quand je vais sur un chat, c'est avec des amis pour rigoler, mais là, j'y vais pour moi, pour rentrer un peu plus dans « l'univers ». Il me faut un pseudo, je prends le surnom que me donne ma copine Carole, Didoun, auquel j'ajoute le département dans lequel je vis, « 69 » (je ne l'ai pas fait exprès !). Je découvre un nouveau monde, excitant et inconnu. Quand la nuit est tombée, je me mets à l'ordinateur, et je plonge dans le monde des fans « ultras » de Mylène. Sur le chat, je fais la connaissance de personnes extravagantes, des gens plus âgés que moi, de tous horizons. Parfois, ils racontent qu'ils voient Mylène, qu'ils l'ont croisée et qu'ils lui ont parlé. Au début, je trouve ça super malsain, et je ne les crois qu'à moitié.

Mais au fur et à mesure que le temps passe, au fur et à mesure que je les lis, je me rends compte que j'ai envie d'être à leur place. Voir Mylène, peut-être la toucher… Cette femme à laquelle je ne cesse de penser m'apparaît soudain accessible. Ils en parlent comme si c'était naturel d'aller lui taper la causette, d'aller lui faire la bise… Certains disent que Mylène est cependant beaucoup moins disponible qu'au milieu des années 90, où il lui arrivait de rentrer chez elle après une soirée et de discuter de tout et de rien avec les fans, même d'art russe !

L'idée germe dans mon esprit. Il faut que je me fasse accepter par ces fans, il faut que j'intègre leur communauté. Petit à petit, je commence à me faire une place sur le chat. Je change mon pseudo, qui est désormais « Pti-Lestat ». Comme certaines personnes de cet endroit, j'adore *Les Chroniques de vampires* de Anne Rice, dont *Entretien avec un vampire* et *La Reine des damnés* sont les plus connus, en raison de leurs respectives adaptations cinématographiques. Je m'immisce timidement dans les conversations en espérant m'intégrer, mais je m'en prends plein la gueule sans savoir pourquoi. « Ils » se connaissent tous et ne semblent pas très ouverts pour intégrer quelqu'un, surtout si cette personne n'est pas excentrique comme eux. Dès que je participe ou que je donne mon avis, je ne suis pas entendu, on me « zappe ». Tous les fans ici présents sont ceux qui vont en bas de chez Mylène, ils ne parlent que de ça. Je ne suis pas comme eux, il faut que je change. Je prends alors mon deuxième prénom, celui de mon grand-père, Ange. C'est aussi pour moi un petit hommage pour mon grand-père, que je n'ai malheureusement pas connu, car il est parti trop tôt… Sur le chat d'*Instant-Mag*, je suis une autre personne, je suis dans ma bulle, et seule Mylène me comprend…

Dans ma classe, ça se passe plutôt bien. Je me sens moi-même aller un peu mieux. Peut-être parce que je commence à avoir un monde intérieur qui me prend toute mon énergie, j'arrive étonnamment à plus aller vers les autres. Je délire bien avec le petit groupe qui se constitue autour de moi, on a des délires « normaux », comme tous les ados. C'est avec eux que je fais ma première sortie en boîte de nuit, un samedi soir. Nous partons dans l'après-midi chez un ami, puis nous nous installons dans les champs de raisins. On se goinfre de gâteaux et de biscuits apéritifs, et surtout, on noie tout ça dans des mélanges d'alcools et de soda.

À moitié bourrés, on traverse les champs pour arriver à la discothèque. Entrée facile puisque videurs pas très pointilleux, puis direction le bar pour se mettre dans le bain, ensuite « ataxie » pour moi, pas moyen de m'approcher de la piste, j'ai peur... Mais rapidement, je me laisser aller sous l'effet de l'alcool. On danse, mais sincèrement, la musique house et techno me lasse. Mes amis m'emmènent donc dans une autre salle de la boîte, la salle « années 80 »... À peine arrivés, on a droit à Indochine et « L'aventurier », je ne vous dis pas comment je suis trop excité ! Je vais voir le DJ pour lui demander s'il a du Mylène Farmer et quelques minutes plus tard, il me dédicace « Sans contrefaçon », très bien reçu par le public. Je gratifie même la salle de la chorégraphie. Puis s'ensuivent « Désenchantée », « Libertine » et même « Je t'aime mélancolie ». Je n'en demandais pas tant, mais c'est parfait ! Après la nuit, on repart dans les vignes, où nous retrouvons notre « campement ». On reboit encore et nous nous endormons à la belle étoile… enfin les autres s'endorment… car moi c'était ma première sortie en boîte et je suis sous le choc. Je n'ai pas encore l'habitude de boire énormément. Je veille près du feu, que je fais vivre jusqu'au petit matin.

De retour chez moi, il faut absolument que je prenne ma petite dose de Mylène. C'est sur un fond d'*Innamoramento* que je m'endors. En fait, petit à petit, Mylène devient quelque chose « de fond », elle fait partie de moi. À cette période, elle est encore en retrait dans le sens où elle est irréelle, elle me sert de musique d'ambiance essentiellement pour m'endormir ou juste comme ça, pour avoir une présence familière et rassurante. Ce qui est déjà énorme, car je n'envisage personne d'autre qu'elle. Et quand je m'endors ou me réveille, c'est aussi toujours à elle que je pense.

Avec mon groupe d'amis, on fait une soirée chez l'un de nous, où l'alcool est encore présent (c'est fou ce que les jeunes peuvent boire). À un moment de la soirée, mon père m'appelle, n'étant pas au courant que je ne rentrais pas le soir. Je tente de rester calme au téléphone, alors que je suis complètement bourré.

Entièrement bourré n'est qu'un euphémisme car quelques heures plus tard, je me dirige vers les toilettes et me retrouve la tête dans la cuvette. Je comate pendant deux heures… De temps en temps, Virginie, la petite amie de notre hôte, vient s'occuper de moi. Il faut vraiment être dévouée pour s'occuper d'un garçon qu'on ne connaît pas et qui a la tête dans une cuvette et le vomi qui pend à la lèvre.

Je suis tellement touché quand j'apprends la séparation de Virginie avec mon camarade de classe quelques semaines plus tard (les adolescents ne sont pas très fidèles, je l'ai déjà dit, ça se précise !), que je m'empresse de la retrouver. Un midi par hasard, nous nous croisons dans un café près de nos lycées respectifs. Elle me paraît différente de l'autre soir. Il faut dire qu'il fait jour et que je suis nettement moins éméché. Je la trouve encore plus jolie que dans mes souvenirs, elle est toute petite et toute mince, avec une façon de bouger que je trouve proche de Mylène, dans ses gestes et ses attentions. Nous discutons de tout et de rien, des cours, du dernier verre qu'on a pris, et du prochain que nous prendrons, pendant toute l'après-midi. Les jours suivants, je l'appelle, et nous passons nos soirées ensemble au téléphone. Je reviens continuellement au café, car je sais que je vais la trouver. Très vite, nous échangeons quelques baisers, mais c'est éphémère. Elle a déjà un nouveau copain, je l'ignorais, et je suis très affecté par cette « séparation » brutale et forcée. Par vengeance, ou par désespoir, je me rapproche de toutes ses copines, dont une spécialement, Catherine, avec laquelle tout est très rapide, trop rapide. Le premier jour, j'ai ma langue dans sa bouche, et deux semaines plus tard, elle m'invite chez elle.

Une immense propriété en plein cœur des vignes pour un week-end prolongé en amoureux, je ne peux pas refuser et mes parents ne s'y opposent pas. Là, je passe des instants merveilleux, ce sont mes premières journées et nuits « en couple », je n'oublierai jamais. De plus, Catherine admire aussi Mylène. Comme un cadeau, nous nous endormons sur Mylène, nous nous amusons sur Mylène. Elle m'a même passé tout un concert à la télé rien que pour moi, pour nous, pour faire monter le désir… C'est tellement nouveau pour moi, je dois dire que c'est très enrichissant pour ma vie de garçon, ou plutôt d'homme je dirais, vu que nous ne jouons plus à des jeux d'enfants…

Une semaine plus tard, je suis à nouveau invité à passer un week-end en amoureux… mais pas avec elle… avec mon ancienne petite amie Mélanie, celle qui m'a refilé le virus farmérien. Cela commence par une soirée agitée et arrosée entre amis, puis une nuit plus intime sur un fond d'Alizée. J'avais déjà fait l'amour sur Mylène, mais jamais sur Alizée ! Le lendemain ainsi que la nuit qui suit, nous passons des moments encore plus chauds avec à 80% du Mylène… Avec le recul, je ne peux pas savoir si écouter Mylène pendant le sexe est indispensable… Disons que je change souvent de fille, mais jamais de fond musical… sans doute un signe.

À partir de ce week-end de « retrouvailles », mon histoire avec Mélanie redémarre sur les chapeaux de roue. En fait, on se voit très souvent dans un bar ou chez ma meilleure amie Sarah. Généralement, on passe toutes les après-midi ensemble et souvent des soirées, toujours dans le même bar. Je me mets à traîner de plus en plus avec elle et ses amis, dont beaucoup sont fans de Mylène. Au bout d'un moment, je ne côtoie presque que des fans de Mylène, des fans purs et durs, qui sont plus que des simples admirateurs comme j'ai pu en côtoyer jusqu'ici, mais qui ressemblent plutôt aux personnes avec lesquelles je parle par Internet. Je plonge de plus belle. Mylène alimente la plupart de nos conversations, et aussi celles de mon couple avec Mélanie. Au café où nous « séjournons », nous demandons expressément de passer Mylène en musique ; à chaque passage d'un clip de Mylène, nous nous précipitons tous en courant vers l'écran de télévision où, pour reprendre les paroles de certaines personnes, nous rentrons en « communion ».

IV

Fin d'année scolaire, bac de français. Je suis très stressé, mais l'écrit se déroule plutôt bien, mise à part la durée de l'épreuve, enfin la durée que l'on doit obligatoirement passer en salle. Pour l'oral, je tombe sur *Don Juan*, la dernière scène du souper, et j'ai pour question le libertinage. Merci Mylène ! Là, je fais mon petit exposé, car voyez-vous, libertinage ne veut pas dire libertine qui couche avec tout le monde, mais c'est tout un courant de pensée à la base. Bref, je m'en sors avec un bon 14/20.

Les grandes vacances arrivent, je suis constamment de sortie. Passer du temps dans un café est devenu pour moi une habitude. Malheureusement, je suis obligé d'aller avec ma petite famille dans un « camp de vacances », une sorte de Club Med réservé aux familles de militaires. Imaginez l'ambiance, une colo d'ados en plein cœur de la Bretagne. À peine arrivé, je m'aperçois que les animatrices pour les enfants (oui, je suis un peu un enfant), sont les mêmes que celles que nous avons eues l'année précédente. J'apprends vite que l'une d'elle est « fan » de Mylène. Tous les jours, j'enseigne la chorégraphie de « Désenchantée » aux jeunes de mon âge et aux animatrices, ainsi qu'au personnel de l'hôtel où nous résidons. Je me sens vraiment bien. D'habitude, quand je fais des chorégraphies de Mylène en soirée, on me charrie, et là, on me demande de le faire. Pendant cette petite semaine, je fais la rencontre d'une fille très mignonne, Charlotte, admiratrice de Mylène à la base, et fan quand je la quitte… C'est la première que je « contamine ». Est-ce qu'être fan est une maladie ? Je ne le sais pas, mais mon obsession pour Mylène continue de plus belle…

À mon retour du camp, Charlotte et moi continuons à nous appeler (elle m'appelle), à nous écrire (elle m'écrit) et de penser à nous (elle pense à moi). Je ne suis pas amoureux, mais le lien avec cette fille, c'est encore et toujours Mylène… Lorsque Charlotte m'appelle, je répète un peu toujours les mêmes choses, des mots gentils, des mots d'amour, et généralement une petite histoire comme quoi dans tel magasin ou à tel endroit la voix de Mylène a retenti, à la radio bien sûr… À chaque fois, il faut qu'elle raccroche car les larmes lui viennent à l'œil, enfin aux yeux, car « ils ont l'avantage d'être deux ». Mon dieu, je cite Renaud, si mon père savait…

celui qui devient fan

Le reste de mes vacances, je les passe avec le petit groupe d'amis que je me suis constitué cette année, en particulier avec ma meilleure amie Sarah. Pas un jour se passe sans que nous écoutions un album de Mylène. La star fait désormais partie de moi, et je me définis à travers elle. Inconsciemment, je pense que je fais mon maximum pour contaminer Sarah au « virus Farmer ». J'y arrive assez bien puisque mon amie accepte d'écouter Mylène, de regarder Mylène, et même de danser Mylène. Mais elle n'est pas fan, moi je le suis. Je suis malade, contaminé, obsédé. Pas elle. Chaque soir, je passe mon temps sur les sites et forums consacrés à Mylène, c'est une habitude. Je cherche plus, bien évidemment. Ce que je veux, sans oser me l'avouer, c'est la voir, la suivre, la guetter, comme font ces gens que je fréquente virtuellement…

La rentrée est proche… Même si j'ai fait deux secondes à tendance littéraire en prenant une troisième langue, l'Italien, je me dirige vers une première STT comptabilité-gestion. L'école, je trouve ça nul, alors si c'est pour apprendre des choses inutiles, je ne vois pas l'intérêt. On nous bassine avec de la théorie, et on nous éloigne du monde du travail, les plus isolés étant les littéraires. Ils peuvent vous le dire, ils font des années d'études pour être complètement largués une fois sur le marché du travail. Moi, je m'oriente vers un bac technologique, pas pour les nuls, et avec de la pratique en plus de la théorie, les débouchés sont nombreux et intéressants. Je ne sais pas encore ce que je veux faire de mon avenir. Si j'ai choisi cette section, c'est juste pour ne pas aller en L, section inutile, ni en ES, section fort intéressante, mais qui ne me passionne pas, et encore moins en S…. C'est bien connu en S, il faut jouer tout le temps avec son immense calculette graphique, rigoler en parlant de Pythagore et surtout être vraiment très moche… oui, les S sont vraiment très moches, personne ne me contredira…

Peu avant tout ça, j'ai appris la grande nouvelle, LA nouvelle : nous partons de la région Rhône-Alpes pour déménager sur Paris. C'est mon deuxième déménagement en peu de temps, le dernier datant à peine de quatre ans. Quatre ans, c'est juste le temps de s'intégrer et de se faire des amis et déjà, il faut partir et tout abandonner… Je souffre, comme tout le monde le ferait à ma place… Mais au fond de moi, un feu m'anime… Paris, c'est la ville dans laquelle réside Mylène, c'est la capitale où mon idole arpente les trottoirs… Je sais que des fans de Mylène m'y attendent, des « extrémistes » vers lesquels je me sens attiré comme dans un gouffre, parce que je sais que ma passion pour cette femme prend déjà le dessus sur tout... Je suis « Farmer-addicted » ... Mylène est à ma portée, même si je suis loin d'imaginer tout ce qui va m'arriver.

V

Mon aménagement en banlieue parisienne est fini. Je suis installé dans mon nouvel appartement, dans une nouvelle ville que je ne connais pas, dans un nouveau lycée, avec une classe toute neuve. Je suis en terminale, l'année du bac, un passage important et incontournable dans une vie. Ma rentrée en septembre 2003 se fait tant bien que mal. Au final, nous sommes une classe des plus hétérogènes possible. Tous les goûts musicaux, tous les styles vestimentaires et tous les caractères imaginables y sont réunis. Rapidement, je rejoins un petit groupe. Le goût de l'informatique et les délires scatologiques sont notre point commun.

Mais je me tourne principalement vers mes « amis » fans de Mylène que je connais d'Internet. Je n'ai qu'un seul objectif, me rapprocher de Mylène, et la voir enfin. Comme cela fait deux ans que je « fréquente » les ultras virtuellement, le pire est derrière moi. Ils m'accueillent sans trop de difficultés et m'invitent à leurs soirées. La première fois que je rencontre la communauté, nous passons la soirée ensemble autour d'un concert en DVD. Ai-je réussi mon « examen » de passage ? Toujours est-il que la deuxième fois, à la suite d'une nuit agitée, nous prenons le RER de très bonne heure pour aller sur Paris… Je sais où nous allons…

Quelques mètres après la sortie du métro, j'ai devant moi l'endroit dont je rêve éperdument depuis plusieurs mois déjà. Je marche dans « sa » rue. Il fait frais et il n'y a personne sur les trottoirs à cette heure du jour. J'aperçois le « banc », juste en bas de l'immeuble, où les fans ont l'habitude de se regrouper… C'est un banc tout aussi banal que celui que chantait Georges Brassens, mais c'est « le » banc, situé exactement en face de la porte de l'immeuble de Mylène. Ce banc va bientôt devenir ma seconde demeure… Un peu plus loin, un prestigieux coiffeur, l'arrêt de bus… et puis le café/tabac qui se trouve en face, un des refuges pour les fans… Bizarrement, je n'ai pas le cœur qui bat plus que ça. Je suis calme, apaisé, serein… Rapidement, j'y retourne une fois, deux fois, et ainsi de suite… Je commence à rentrer discrètement dans la « communauté ». Je prends mes habitudes. L'arrivée en début d'après-midi, le passage au café… Les commerces du quartier me deviennent familiers, la sortie du métro, la grande place, les musées aux alentours…

À la même époque, j'ai envie de me lancer dans la création d'un site Internet. Il y en a foule sur Mylène, mais je veux le mien à moi tout seul. Je sais que les rubriques du genre « biographie », « discographie », « vidéographie » sont déjà sur tous les sites. Pour le moment, je n'ai pas d'idée particulière pour me démarquer, et je reconnais que ce site est juste un petit plaisir personnel. Après des heures de recherches, je lui donne le nom de « Mfwebfan », on comprend facilement comment j'ai construit cette appellation ! En quelque temps, mon site change une bonne cinquantaine de fois, en partant d'un design et d'une présentation d'amateur à quelque chose de toujours aussi « moche ». Pourtant, j'y passe chaque jour un peu plus de temps. Et du temps, il en faut, car à cette époque, les connexions sont très lentes. Du genre à avoir le temps d'aller aux toilettes ou de manger quelque chose avant qu'une page se charge complètement. Faire un site sur Mylène est un lien de plus vers elle…

Octobre 2003, on apprend la nouvelle : durant l'été, Mylène a réalisé une peinture originale, comme 100 autres femmes célèbres, pour l'Institut Gustave Roussy au profit de la recherche contre le cancer du sein. Les toiles sont exposées à la galerie Artcurial avant d'être vendues aux enchères le 30 octobre. Le samedi 28, je suis en bas de chez Mylène. Alors que nous sommes tous réunis sur le banc, une amie, Patsy, propose d'aller voir la toile avant qu'elle ne soit vendue. Un grand débat s'instaure : est-ce que l'entrée est payante ? Ne sachant pas s'il faut débourser ou non, les radins restent, dont je fais partie. Cinq personnes partent, dont Patsy. Quelques minutes après leur départ, une voiture passe dans la rue avec deux hommes à l'intérieur, qui klaxonnent et nous font des grands signes. On pense qu'il s'agit de fans. Je tourne machinalement la tête, et j'aperçois, assez loin au bout de la rue, une guimauve aux cheveux rouges accompagnée d'une grande dame blonde. Non, ce n'est pas possible, ce n'est pas elle... C'est presque trop facile... Nous sommes tellement abasourdis que nous ne savons pas vraiment si c'est Mylène qui rentre tranquillement chez elle... La voiture qui nous a prévenus revient vers nous et se gare. Les deux hommes sortent en courant, se cachent derrière l'abribus et sortent d'énormes zooms. Oui, j'assiste bel et bien à l'arrivée de Mylène. C'est la première fois. Je ne m'y attendais pas. Pas comme ça. Mylène se rapproche, irréelle et sexy, habillée comme une Lolita rose-bonbon. Dans l'urgence, un petit groupe de fans décident de faire un mur entre leur idole et les paparazzi. Mylène et la dame blonde se rapprochent du « mur », remercient les fans, et rentrent dans l'immeuble.

Moi, je suis resté assis sur le banc pendant ces quelques minutes. Je suis anesthésié, sans réaction. Je regarde Mylène, la femme de mes rêves, à quelques mètres de moi. Je suis stupéfait. Un mois après mon arrivée sur le banc, je l'ai vue. Elle existe. Quelques secondes plus tard, Mylène ouvre à nouveau la porte de son immeuble, sort sa tête et nous dit doucement : « Il fait froid, rentrez chez vous ». Phrase étonnante pour quelqu'un qui porte une jupe extrêmement courte ! Personne ne lui répond. Les photographes viennent alors vers nous pour nous engueuler. D'après eux, Mylène est une personnalité publique, elle vend des DVD pour qu'on la regarde, et par conséquent, on peut la prendre en photo pour la mettre dans des magazines, le magazine en question s'appelant *Voici*, qui publiera les clichés de Mylène deux semaines après (j'espérais être sur la photo, mais sans succès). Plus tard dans la soirée, alors que nous attendons encore, toujours sous le choc, la grande dame blonde ressort, nous fait un grand sourire et nous souhaite une très bonne soirée. Je rentre chez moi. J'ai vu Mylène.

deuxième partie

CELUI QUI TRAQUE MYLENE FARMER

I novembre 2003

Aller en bas de chez Mylène pour les premières fois est quelque chose de très difficile à décrire. Je suis heureux, frustré (parce que, excepté ce samedi 28 octobre, je ne la vois pas), tout est mélangé dans ma tête. Je me sens proche d'elle, fier, car je suis là où elle vit. Selon les jours où j'y vais (généralement les week-ends), je retrouve les mêmes personnes. La majorité est très jeune, guère plus âgée que moi. Il y a des personnes fort différentes, des lycéens, des étudiants, des coiffeurs, des secrétaires, des personnes dont on ignore absolument tout, mais qui vous sont d'emblée familières, parce qu'elles partagent le même « secret » que vous.

Au début, je suis un peu distant avec les autres et je n'en mène pas large. Il faut reconnaître qu'ils sont tous, pour la plupart, assez excentriques et originaux. Je me sens simplet à côté d'eux. Mais c'est ma famille, mon univers, je veux qu'ils m'acceptent. Mes samedis sont désormais consacrés à aller en bas de chez Mylène.

S'intégrer dans un tel groupe n'est pas facile. Je mets plusieurs samedis à me sentir proche d'eux… C'est pour ça que je crée « Ange ». Là, vous me direz que

« Ange » existait déjà lorsque je naviguais sur le net. Mais à l'époque, ce n'était que du virtuel. Désormais, il faut que j'invente un personnage réel, dans la vraie vie. Mon personnage est à l'inverse de ce que je suis en réalité. Je me retrouve plein d'assurance, grand orateur et surtout très dynamique et un tantinet provocant.

Dès lors, ma vie est réglée comme du papier à musique. La semaine, ce sont les cours, et le soir sur Internet parmi les fans, dans l'attente de les retrouver le samedi, devant chez Mylène. Une fois sur le banc ou au café, j'essaye de parler avec eux, mais ce n'est pas évident. Toujours pas de Mylène en vue, je n'y pense même plus à vrai dire. Elle reste toujours ce personnage inaccessible et ne pas la voir est finalement normal. Les autres fans l'ont déjà vue plusieurs fois, ils lui ont parlé, donc qu'importe qu'elle soit absente pour un long moment. Mais moi, je suis encore « vierge » de cette expérience. Je l'ai vue, mais je ne lui ai pas parlé, je ne l'ai pas « touchée ».

Mon seul désir est de devenir comme tous ces personnages qui m'entourent. Si j'utilise le mot « personnage », c'est tout simplement que je pense n'être pas le seul à ne pas être moi-même. Je ne dirais pas que chacun ici joue un rôle, sur ce banc en bas du domicile de notre idole. Certains sont même calmes et posés… Mais d'autres sont tellement marginaux, de par leurs tenues vestimentaires ou leur comportement, à parler fort et à être si grossiers (à l'époque je ne suis pas habitué), qu'ils ne peuvent pas être comme ça dans la vie de tous les jours, du moins je l'espère ! Cela dit, moi j'aime ces personnages, je les envie, je veux être comme eux, être avec eux, faire partie d'eux, mais je n'y arrive pas, malgré mes efforts. Trop réservé, trop timide, trop maladroit. Je me sens tout petit. J'apprends vite qu'en bas de chez Mylène, on parle rarement de son œuvre, mais plutôt de choses au-dessous de la ceinture, avec forces détails. Avec qui elle est rentrée, et dans quel état. J'apprends en écoutant les autres mille fois plus que ce que les paparazzi ont déniché en plusieurs années ! Cette disproportion est bizarre, car j'imagine que ceux qui parlent de façon aussi « vulgaire » et crue de la vie privée de leur idole sont aussi ceux qui ont pleuré devant la beauté et l'émotion des chansons et des clips. Non, être fan n'est pas un état monolithique. S'y mêlent de l'admiration, du voyeurisme, du désir, de la colère. Tout ça est très compliqué.

Un samedi, comme tous les samedis, nous sommes sur le banc en bas de chez Mylène. Il est 17 heures à peine, nous sommes assez nombreux, car ce soir il y a la *Star Academy* et Alizée est invitée. Donc nous nous sommes tous dits que peut-être, Mylène se manifesterait pour cet événement, qu'elle sortirait pour aller aux répétitions puisque nous savons, d'après des fans présents près du studio d'enregistrement de l'émission, qu'Alizée est en répétitions. Les fans parlent tous entre eux, et moi je suis un peu exclu, comme toujours. Soudain, je vois une voiture arriver, une toute petite voiture, un pot de yaourt comme qui dirait. Un jeune homme en sort, inconnu au bataillon, très grand, très « fashion » tout en restant classique. Il va ouvrir l'autre portière de la mini-voiture ; une mini-fille en sort, avec dans les bras un mini-chien. Je la regarde s'avancer vers moi, elle me dévisage comme si elle attendait quelque chose, puis elle rentre dans l'immeuble de Mylène. Quelques secondes après, je percute. Cette fille, ce n'est pas n'importe qui, c'est Alizée. Je le dis aux autres qui eux aussi étaient trop occupés à parler et à rigoler pour remarquer la présence de la chanteuse (la mienne également je suppose).

Nous attendons tous ensemble qu'Alizée ressorte de l'immeuble, très excités. Je ne suis pas le seul à être dans cet état, ce qui me permet donc de parler un peu plus aux « autres », qui découvrent enfin mon existence. On plaisante ensemble jusqu'au moment où, enfin, Alizée redescend… Elle ouvre la lourde porte aux deux battants, passe à côté de nous et dit « bonjour » d'une voix fluette. Elle se dirige vers la voiture, son petit chien toujours dans les bras. Je fais un peu mieux attention à elle. Elle est toute petite et vraiment belle, peu maquillée, toute naturelle. Elle me plaît ! Elle porte un jean baggy qui dévoile un caleçon aux couleurs vives avec une veste rouge et noire, les cheveux pas trop coiffés. Elle monte dans la voiture et là, une fille de notre groupe s'avance vers elle et Alizée commence la séance de dédicaces. Je fais la queue comme tout le monde. Mais il faut que je me distingue, que mon personnage d'« Ange » prenne le dessus. Une fan demande à Alizée si elle peut caresser son chien, et moi, un peu en retrait, je dis alors spontanément que si je pouvais, je caresserais bien le chien, mais surtout sa maîtresse. Ce qui ne plaît pas du tout à l'intéressée, vus ses yeux grand ouverts. Son manager – Olivier, le jeune homme qui lui a ouvert la portière plus tôt – n'a pas l'air non plus d'apprécier. Il nous dit qu'il n'y a plus de temps et s'empresse de démarrer le pot de yaourt… (Alizée est déjà dans la voiture).

Lorsque j'arrive chez moi le soir, je suis dans tous mes états. Plus tard, je vois Alizée à la *Star Academy*, quelques heures après l'avoir vue en chair et en os. Je suis comme dans un rêve. C'est la première fois que je me suis intégré au groupe des fans, et que j'ai vu quelqu'un de proche de Mylène. Cette expérience renforce ma contamination. Je deviens accro, encore plus obsédé, il faut que je retourne chez Mylène chaque fois un peu plus. Parce que si j'ai vu Alizée, c'est que Mylène était chez elle. Et si Mylène est chez elle, je la verrai à nouveau bientôt…

11 *décembre 2003*

Au fil des samedis, je finis par devenir comme les autres. J'ai rejoint leur « monde » et leur délire. Je ne vois toujours pas Mylène, mais je m'en fous. Je vois ses fans, je les écoute me raconter leurs anecdotes avec elle, quand elle les a pris dans ses bras, quand elle a signé des autographes, comment elle était vêtue, etc. Mes études sont devenues le cadet de mes soucis, et je consacre tout mon temps à aller « sur le banc ». Mes parents ne le savent pas car je prétexte la visite d'un musée sur Paris, ou une autre sortie culturelle du même type. Ce n'est pas tout à fait un mensonge, puisqu'avec certains fans, on passe pas mal de temps à visiter la capitale, entre deux passages sur le banc. Il fait froid à cette époque et il n'est pas possible physiquement de tenir immobile pendant toute une journée. Les gens de ma classe, je m'en fous, et même s'ils m'acceptent bien, je ne les fréquente jamais en dehors des cours. Ils ne sont pas fans, ils ne sont pas dans mon monde, ils ne m'intéressent pas.

Cette fin d'année 2003 signe donc mon entrée dans la grande famille des fans, même si je conserve toujours une certaine réserve. Comme dans toutes les familles, impossible que tout le monde s'entende. Chaque semaine voit son lot de petites engueulades et de crises de larmes. Des groupes se forment, des histoires de cœur naissent... Rapidement, je me rends compte qu'untel a couché avec untel pendant que l'autre sortait avec machin qui était pourtant amoureuse de truc. Si vous croyez que c'est compliqué, dites-vous qu'en plus, la majorité d'entre eux sont bisexuels, voire homosexuels. Donc un peu tout le monde s'est fait un peu tout le monde, filles et garçons confondus... Moi, à ce moment-là, je n'ai pas trop envie de sortir avec quelqu'un du lot, à part peut-être une fan, une de celles qui m'a mené jusqu'au banc la première fois.

Le 20 décembre, c'est mon anniversaire et il tombe un samedi. Ce moment restera à jamais gravé dans ma mémoire... Je rentre chez moi après les cours, je ne prends même pas le temps de me changer ou quoi que soit. Je me dépêche de manger, cette fois-ci, je déballe mes cadeaux en quatrième vitesse (les adolescents sont des ingrats, je l'ai toujours pensé), puis je saute dans mon bus pour arriver à temps sur le banc. Une fois là-bas, j'exhibe aux autres mon gros cadeau d'anniversaire qui est un téléphone portable dernier cri (à l'époque, car aujourd'hui, c'est une antiquité). On parle un peu, on délire, jusqu'au moment où un fan nous fait signe « qu'elle arrive »… La reine rentre en scène et le sol se dérobe sous mes pieds…

La voiture arrive du bout de la rue et c'est l'effervescence. Tout le monde connaît par cœur la plaque d'immatriculation et autour du banc, c'est l'agitation. Les fans se lèvent, d'autres sortent en trombe du café d'en face où ils étaient réfugiés. Pour moi, c'est la première fois, je suis le mouvement… La voiture stoppe devant nous. Mon idole est dedans, la femme de mes rêves est à quelques mètres de moi. Mais je ne la vois pas, car les vitres sont teintées. Le chauffeur – toujours le même, monsieur P., que j'apprendrai à connaître – sort de la voiture, nous dit bonsoir avec un grand sourire, puis rentre le véhicule dans le hall. Il revient peu après et demande si nous voulons des dédicaces. Les fans lui tendent leurs supports (disques, photos, magazines…). Il les prend, rentre à nouveau dans le hall, le temps de faire signer à Mylène, puis ressort pour la redistribution… J'apprendrai vite que la séance de dédicace surveillée par monsieur P. est une tradition en bas du domicile.

Mais évidemment, tout à mon excitation de rejoindre mes amis fans, j'ai oublié de prendre un support à me faire dédicacer. Et le jour de son anniversaire, avoir la possibilité de recevoir une dédicace de Mylène et revenir chez soi bredouille, ça fait mal.

Le dimanche, 6 heures du matin et déjà debout dans le RER. Avec mes amis du banc, nous avons décidé non pas d'aller voir Mylène, mais de passer la journée à Disneyland. C'était aussi pour moi la première fois, et c'était d'autant plus intense que je suis entouré par de nombreux fans de Mylène. À chaque manège où nous sommes réunis, nous en profitons pour chanter à tue-tête un titre de notre idole. Même si nous ne nous entendons pas tous, nous restons ensemble la journée entière et passons un très bon moment.

Toutes les bonnes choses ont une fin, puisque les fêtes de Noël arrivent, puis le 31 décembre. Je me décide à aller passer la soirée chez un ami, un fan qui s'est travesti en Mylène pour la *Gay pride* de l'année précédente. Un garçon charmant et adorable. Nous nous retrouvons chez lui, dans un appartement en banlieue parisienne. Très joli petit appartement, surtout sa chambre, dont l'un des quatre murs est recouvert par une affiche géante du *Mylènium Tour* (celles destinées au métro). Il n'y a quasiment que des fans ultras à cette soirée.

Mais, comme souvent pendant les réveillons, les choses se passent mal. Très vite, deux clans se forment, dont un qui préfère nettement discuter avec les bouteilles de champagne, lesquelles peuvent s'avérer de très bonnes amies. Pour ma part, j'ai bien bu, et avec l'une des fans présentes, nous finissons réciproquement dans le box du chien et dans le frigo. Au petit matin, la tête au plus profond de notre orifice, nous prenons le RER avec quelques-uns pour finir la fête chez une amie et dormir un peu. Enfin, dormir… pas pour tout le monde, puisque j'ai pour compagne de canapé une fan que j'apprécie énormément et qu'on appelle « Princesse ». Au point que nous finissons la langue dans la bouche l'un de l'autre. Ce n'est – heureusement ou malheureusement – qu'une aventure d'un soir.

Cette fin d'année est donc très mouvementée, et toutes ses embrouilles n'ont fait que renforcer mon personnage, me mettre dans des histoires et surtout m'immiscer encore un peu plus dans l'univers des fans que je tiens absolument à percer. Je suis aimé ou détesté, mais je ne laisse plus indifférent comme au début. Je vais régulièrement chez Mylène, mais je ne reste jamais longtemps à cause de mes horaires. En deux mois, j'ai vu Alizée, et Mylène, brièvement. Je connais ses horaires, les heures où elle rentre, ses petites habitudes. Par exemple, tous les matins, le fidèle chauffeur, monsieur P., va lui acheter son journal et son paquet de clopes – des Peter Stuyvesant – et les pose sur la banquette arrière. Je connais aussi la chambre de son singe ET – les trois grandes fenêtres sur la gauche – qui s'allument toutes seules, qu'il y ait du monde ou pas – nous en déduisons qu'il y a une minuterie. Bon bilan pour moi ! J'apprends aussi que quelques voisins « d'en face », qui ont donc un vis-à-vis avec Mylène, proposent à certains fans de monter pour voir l'intérieur de Mylène, parfois gracieusement, parfois contre des compensations… euh… des compensations. Je ne m'étendrai pas, c'est proprement dégueulasse.

Parallèlement, la chanteuse a sorti *Remixes*, un album de remixes éléctro de ses succès. C'est une grande déception pour beaucoup, qui attendaient un nouvel album. Fous de rage, quelques fans taguent un message sur le banc en peinture argentée très voyante : « non au Dance Remixes 2 ». La concierge a beaucoup de mal à faire partir le graffiti, et ce n'est pas sans l'énerver. Mais le nouvel album, on n'est pas prêt de l'entendre…

III *janvier 2004*

L'année démarre très vite et ma petite aventure du canapé le soir du réveillon avec « Princesse » met une folle ambiance dans mes relations avec les autres. Princesse est également l'objet de convoitises d'une autre fan (venue spécialement de Toulouse pour nous voir) présente avec nous. Je l'ai blessée et j'ai mal de lui procurer cette douleur. Mais elle me pardonne et échange même quelques baisers avec moi... « L'erreur est humaine et le pardon est divin », tout le monde connaît cette petite phrase, eh bien ce jour-là, j'en ai compris la signification... Dans le monde magique des fans de Mylène, les échanges charnels sont également monnaie courante pour apaiser les tensions...

Le samedi 17 janvier, c'est le concert d'Alizée au Zénith de Paris, la dernière date de sa tournée commencée en août dernier. Tous les fans délaissent donc le banc, pour aller soutenir la mini-chanteuse, sauf moi, car ça ne m'intéresse pas et surtout je n'ai pas de place ! Mylène est présente dans la salle, en haut à gauche. Durant le concert, elle fume clope sur clope (at-elle compris que tout ça était un beau fiasco ?). Elle s'en va peu avant la fin, en laissant une montagne de mégots dans un cendrier. Date péplum, comme il était annoncé plus tard sur le DVD du concert, tellement phénoménale… que personne n'y a été. Seule la moitié de la salle est remplie et tous mes amis font partie du public. Si vous possédez le DVD du *Live*, vous pouvez les voir au premier rang ! Alors que moi, ce jour-là, je suis seul devant mon ordinateur et c'est sans doute l'un des plus longs samedis que je passe. Cafard et idées noires… Depuis quelque temps, depuis que je vais « chez » Mylène pour être exact, mon site Internet s'est transformé. J'ai décidé de tenir la chronique de ce que je vois en bas de chez elle, de l'ambiance entre les fans, mais aussi de raconter ma vie, mes émotions. D'un site classique sur Mylène Farmer, mon site est devenu le journal de « Ange »… J'écris souvent, dès que j'ai le cœur gros ou que je suis heureux. À cette époque, le phénomène des blogs n'était pas encore aussi connu et je suis fier d'avoir été l'un des premiers à en faire.

Le lendemain, je fais un effort pour m'habiller et me laver (tout de même…) et je pars sur le banc. Tout le monde est là, mais pas seulement les fans que je fréquente d'habitude. Ceux qui ont assisté au concert d'Alizée la veille sont venus voir s'ils ne pouvaient pas rendre visite à Mylène. Nous avons droit à la présence de fans de toute la France et même à des Allemands ! Je suis plutôt content, même si Mylène n'apparaît pas. Nous écoutons de la musique dans une voiture, on fait ce qu'on peut avec ce qu'on a.

Quelques jours s'écoulent et nous attendons tous impatiemment la cérémonie des *NRJ Music Awards*. Mylène a gagné quatre fois de suite l'award de la meilleure chanteuse (chose toute naturelle). Partout sur les forums de discussion et les chats, les rumeurs enflent sur la présence de la chanteuse à Cannes. Samedi 24 janvier, nous sommes tous devant chez elle dès le matin pour la voir s'en aller. Mais c'est trop tard, elle est partie encore plus tôt pour une destination inconnue… On espère de plus en plus la voir le soir même à la télévision. À 21 heures, nous sommes tous devant notre petit écran. On se dévisse la tête, un nœud au ventre, des fois que la caméra filme le public, pour tenter d'apercevoir la petite tête rousse de Mylène aux côtés de son manager Thierry Suc[10] ou de Pascal Nègre,

---

[10] Thierry Suc est le manager et producteur des concerts de Mylène depuis 1989. Très reconnu dans le métier, il est également tourneur de Calogero, Zazie, Vanessa Paradis, Yannick Noah et bien d'autres. Il est incontournable dans la galaxie des fans de Mylène, car très intime avec la chanteuse.

le PDG d'Universal. On attend, on attend… je passe même un long moment au téléphone avec une fan où l'on critique un peu tout le monde. Mais l'éternelle absente télévisuelle l'est une fois de plus… La soirée passe et l'award de la meilleure interprète de l'année, baptisé l'an passé « Mylène Farmer Music Award » par le présentateur Anthony Kavanagh, revient à Jenifer, tout juste sortie de sa *Star Academy*… Je n'ai rien contre elle, mais bon… Dernière chanson, la salle est baignée dans une lumière rouge, un micro est prêt à recevoir quelqu'un lorsqu'Anthony Kavanagh annonce le groupe Kyo, pour la seconde fois. Je suis vert. Que fait Mylène ? Est-elle en coulisses ? Refuse-t-elle de chanter ? Jusqu'au bout j'ai voulu y croire. Pour un peu j'en pleurerais. J'ai un coup de cafard. Je suis devenu un fan excessif, obsessionnel, et je ne vois jamais Mylène, pas plus en vrai qu'à la télévision. Je me couche le cœur gros et je me sens nul.

De retour sur le banc, tout a changé, l'ambiance n'est plus la même. Les câlins que j'ai malencontreusement prodigués sur le canapé à Princesse lors du réveillon sont devenus l'objet de discussions, de disputes et de moqueries. Genre il ne m'a pas fallu longtemps pour sortir avec quelqu'un – un comble, alors que tout le monde couche avec tout le monde ici ! Il faut savoir que quand on consacre l'essentiel de sa vie à rester assis sur un banc à attendre fébrilement une idole, n'importe quel détail prend une importance inconsidérée, rien que pour parler et passer le temps. En ce début d'année, je rentre triste de mes après-midi de fanatique. Finalement, ces personnages du banc ne sont pas des amis, je m'en rends bien compte. Il n'y a aucune franchise, aucune profondeur entre nous. Je pleure souvent le soir alors que toute la journée j'ai joué à être Ange. Au lycée, je continue à en faire le minimum pour me maintenir à niveau. Mais quoi que je fasse, aller chez Mylène continue de rythmer ma vie…

C'est aussi à cette époque que mon journal intime diffusé sur Internet gagne en notoriété. Je reçois de nombreux mails. Certaines personnes veulent simplement que je les aide à s'intégrer comme moi à la « communauté des fans » et à s'approcher un peu plus de Mylène. N'étant pas très fier de tout ce que je fais, ni de l'ambiance dans laquelle je m'égare, mes réponses sont toujours mélancoliques. Je finis souvent par « tout n'est pas beau et rose »…

IV *février 2004*

Comme c'est l'hiver, nous ne sommes quand même pas sans arrêt sur le banc à attendre. La plupart du temps, nous sommes au café, à l'époque celui d'en face. Un café très banal, un peu vétuste. Nous croyons être les bienvenus car les tenanciers sont plutôt sympas avec nous. Ils nous informent même parfois des déplacements de Mylène et de son entourage. Et puis, quand même, ça leur fait beaucoup de monde pour une rue peu fréquentée ! La plupart des fans connaissent les horaires de sortie de Mylène et ils n'attendent pas pour rien, préférant se balader à proximité en l'attendant. Notre activité favorite est de continuer toute la rue de Mylène pour aller au Virgin des Champs-Élysées. Un jour, au Virgin, nous tombons en plein enregistrement de « J'y étais », une émission animée par Frédéric Lopez sur Match TV, un peu dans l'esprit de « On a tout essayé », mais en moins bien. Nous restons un peu, mais les invités ne sont pas vraiment intéressants (Françoise Laborde, l'ex miss France Sylvie Tellier…). Peut-être que pour vous ce n'est pas grand-chose mais pour moi, petit provincial dans l'âme, c'est comme tomber sur le tournage d'une super production hollywoodienne… Bref, après ce petit passage médiatique, nous retournons devant chez Mylène.

Il y a du monde et des petits nouveaux, notamment un que je connais assez bien sur Internet puisque webmaster d'un site connu. Pendant que plusieurs d'entre nous prennent tranquillement une petite boisson au café, Loana, magnifique blonde et surtout première icône de la télé-réalité française, passe devant nous, accompagnée de son petit chien. En fait, elle habite au bout de la rue, mais se rend fréquemment chez le marchand de journaux à côté du café pour voir si elle n'est pas en couverture de certaine presse people. Avec mon ami webmaster, nous nous armons de courage et allons à sa rencontre. Loana, superbe malgré la simplicité de ses vêtements et de son maquillage, dégage vraiment quelque chose. Elle nous fait à tous les deux une jolie dédicace, puis nous embrasse et parle un peu avec nous. Elle sait que nous attendons Mylène mais ne s'étend pas sur le sujet.

Un peu plus tard dans la soirée, le meilleur arrive… Mylène rentre de son boulot (hé ho). Comme d'habitude, son chauffeur descend pour prendre nos supports. Pour moi, c'est la deuxième fois que je suis en contact avec « la voiture ». Je sais que Mylène ne sortira pas (mais je n'imagine pas encore que quelques semaines plus tard, je la serrerai contre moi), car en ce moment, il est rare qu'elle soit en contact direct avec ses fans. Comme tout le monde, elle a ses périodes. Contrairement au 20 décembre dernier, j'ai avec moi mon album *Remixes* et la carte postale qui va avec. Ce sont mes premiers autographes, mais aussi les plus décevants. Mon album est dédicacé grossièrement à l'intérieur, et la carte postale à l'arrière. Je me plains aujourd'hui, mais ce jour-là, je suis vraiment aux anges. Sur le trajet du retour, je ne range pas mes supports dans mon sac et je les tiens dans la main, comme pour les montrer à tout le monde. Arrivé chez moi, je les contemple pendant des heures et je suis le plus heureux des hommes.

Les vacances d'hiver arrivent. Chaque jour, je me rends là-bas, sans réfléchir. Désormais, Mylène rentre tous les soirs à la même heure, vers 19h30. Ses bureaux sont situés près du quartier de l'Opéra. Il est difficile de s'imaginer une telle star faire des horaires de bureau réguliers, mais pourtant, c'est ce qui lui arrive à cette époque ! Vers 19h20, je vais « la chercher » au bout de la rue, pour voir la voiture arriver avant les autres. Je m'habitue finalement à cette drôle de routine, attendre une voiture en sachant très bien qu'on ne verra pas la personne qui est à l'intérieur… Quasiment tous les soirs, je rentre avec de nouveaux trésors, de nouvelles dédicaces et surtout le sourire aux lèvres. Mais plus j'en ai, et plus j'en veux… M'étourdir des signatures de Mylène, que je devine à quelques mètres de moi, est devenu mon nouvel objectif. Je m'imagine peut-être qu'à force de signer « Ange » tous les soirs, elle finit par me « remarquer »…

Un soir, nous partons entre fans en boîte sur Paris. Je suis le seul garçon (merci Guillaume), entouré d'une demi-douzaine de demoiselles, pour aller dans un endroit « pour filles ». La salle est ridicule, toute petite et on peut compter les garçons rien qu'avec les doigts d'une main. Cela dit, je m'amuse bien quand même, surtout lorsque « Désenchantée » et « Sans contrefaçon » retentissent, ce qui me permet d'effectuer mes chorégraphies et de me mettre en avant. Mylène est une icône gay, ne l'oublions jamais, pour les garçons comme pour les filles. Je passe le reste de la nuit avec une des fans. Nous sommes un peu en couple à ce moment-là, même si nous ne le sommes pas vraiment, enfin tout ça est confus. Tôt dans la matinée, nous partons dans la boîte d'à côté, plutôt masculine et avec une meilleure ambiance je trouve, mais bon… Nous partons petit-déjeuner dans un fast food, et je pars un peu en colère, très fatigué. Arrivé chez moi, je ne fais que dormir. Où va ma vie, je ne sais pas…

Dernier épisode plutôt agréable de ce mois chargé, nous partons tous, plus ou moins ensemble, à la Fnac d'Italie, pour voir le show case[11] des chanteuses Robert[12] et Majandra. Nous arrivons assez en retard et c'est donc de côté que nous pouvons admirer les deux artistes reprendre « Le Prince bleu ». Malheureusement, je fais une crise d'hypoglycémie à la fin du concert. Je suis au bord de l'évanouissement et je ne peux pas rester pour la séance de dédicaces. Nous partons chercher à manger, puis je vais reprendre des forces chez une amie. C'est dommage, car j'aurais vraiment aimé pouvoir aller saluer Robert, que j'admire depuis des années…

---

[11] Sorte de mini-concert gratuit, dans un café ou une grande enseigne, destiné à promouvoir un artiste.
[12] Robert est une chanteuse française à l'univers morbide et fragile et à la voix très proche de celle de Mylène, d'où un public de fans communs. Robert a sorti les albums *Sine* (1993), *Princesse de rien* (2000), *Celle qui tue* (2002, avec la collaboration de l'écrivain Amélie Nothomb) et récemment, *Six pieds sous terre*.

FOU DE MYLENE FARMER

Je vais bientôt reprendre les cours. C'est très difficile pour moi de retourner à l'école, loin de tous ces personnages que je côtoie habituellement. Mylène me manque, atrocement. Ce n'est certainement pas au lycée que je vais recevoir de ses nouvelles, encore moins ses dédicaces. Je subis mes études, qui doivent se passer… Et je subis ma dépendance à Mylène, mais je souhaite qu'elle ne passe jamais…

V

mars 2004

La vie suit son cours. Au lycée, je suis en pleine période de bac blanc et, à chaque épreuve, j'apporte avec moi mes porte-bonheur : disques dédicacés, tee-shirts de Mylène, petits zèbres en peluche. Je pense que rares sont les personnes qui ignorent mon adoration pour Mylène. Certains profs tolèrent mes grigris, d'autres les refusent et sont même agressifs vis-à-vis de ma « passion » en évoquant un « si j'avais été comme vous à votre âge… ». Je me serais bien fendu la gueule en leur répondant que s'ils avaient été comme moi, peut-être qu'ils ne seraient pas là où ils en sont. Déjà à cette époque, je suis ambitieux. Mes camarades sont beaucoup plus gentils et tolérants que les professeurs. Je pense que c'est un point fort de ma génération.

Mais tant que je suis au lycée, je ne suis pas là-bas, sur le « banc », et je ressens un horrible vide, comme n'importe quel drogué quand il n'a pas sa « came ». Je continue à chatter le soir sur Internet pour avoir des nouvelles de ceux qui continuent à suivre Mylène. Je leur promets de les retrouver le plus tôt possible, une fois mes épreuves finies. Depuis quelques semaines, un bel inconnu se rend très souvent dans l'immeuble de Mylène, dans une jolie voiture grise décapotable. Personne ne sait qui c'est, mais il apporte régulièrement des lys blancs, les fleurs préférées de Mylène. Par conséquent, il vient voir Mylène, c'est évident ! De plus, il jette toujours un regard sur les fans, plutôt bienveillant, quand il rentre.

L'un de mes médicaments arrive, le nouvel *Instant-Mag*, pour moi le meilleur de tous les magazines qui paraissent sur Mylène. Ce coup-là, nous avons droit à deux éditions. En fait l'une est limitée, mais chacune des deux contient des photos différentes et surtout, complètement inédites. De plus, le magazine est comme à chaque fois bourré d'humour grinçant, ce qui me permet de passer de bons moments. Je dirais plutôt une bonne soirée, puisque la lecture de mon journal fétiche se fait malheureusement trop rapidement.

Les absents ont toujours tort, c'est bien connu. Depuis que je déserte le banc, je reçois des messages sur mon portable qui me disent qu'on ne m'apprécie pas là-bas. Des messages à la con, genre « machin a dit à truc qu'il pouvait pas te supporter » c'est gamin, mais ça fait tellement mal. Vive la solidarité… Heureusement, dans les jours qui suivent, j'ai aussi des messages réconfortants qui me redonnent envie d'y aller.

Le samedi 22 mars, pas de banc pour nous. Il y a le Salon du livre porte de Versailles, alors nous n'allons certainement pas rater Marc Lévy et Amélie Nothomb, deux auteurs reconnus et surtout proches de notre chanteuse. Je suis accompagnée de deux petites fans, avec lesquelles je traîne depuis mes débuts sur le banc, des amies en plus d'être des compagnes « d'attente ». Arrivés sur place, nous achetons des invitations au noir, ce qui nous permet d'éviter le monde à l'entrée. Mais pour la dédicace d'Amélie Nothomb, nous n'avons pas de passe-droit, et c'est une sacrée queue que nous devons faire. Pas moins de trois heures d'attente ! Nous sommes entourés d'autres fans, et nous discutons un peu ensemble. L'ambiance est sympathique, détendue, et le temps passe assez vite. La file s'amenuise et j'arrive enfin devant Amélie Nothomb, dont j'ai dévoré tous les ouvrages. Amélie Nothomb fait partie de la « famille » des fans de Mylène depuis 1995, date à laquelle les deux femmes se sont rencontrées et ont réalisé une interview croisée pour l'édition allemande du magazine *Vogue*, interview suivie par une soirée de discussion… Dans tous les livres d'Amélie, on trouve un petit clin d'œil, inconscient ou pas, à mon idole. L'écrivain belge se dit elle-même admiratrice de Mylène Farmer et elle n'est donc pas étonnée de rencontrer souvent dans son public des fans de la rouquine. Moi, c'est la première fois que je la vois… Je suis tout tremblant, mais elle est d'une gentillesse tout aussi incroyable que son gigantesque chapeau. Elle me félicite pour mes yeux maquillés qu'elle trouve magnifiques (la classe). Nous parlons un peu, d'elle, de nous, de la chanteuse Robert, puis nous la laissons finir son travail à la chaîne.

Nous apprenons ensuite que Caroline Bee, rédactrice en chef d'*Instant-Mag*, le luxueux et décapant magazine dont j'ai déjà parlé, est présente pour dédicacer sa biographie *L'Ange blessé*, de loin la meilleure de toutes, et le livre *La Part d'ombre* (un essai psychologique sur le personnage de Mylène, préfacé par… Amélie Nothomb !). Soit dit en passant *La Part d'ombre* aurait dû être vendu avec un coffret d'aspirine vu tout le mal de tête qu'il m'a apporté ! Nous parlons donc avec Caroline, qui, très gentille, répond à toutes nos questions, mais toujours en laissant planer une petite part de mystère. Nous apprenons que la toile originale réalisée par Mylène en 2003 et vendue aux enchères au profit de la recherche contre le cancer du sein a bel et bien été achetée par le magazine *Instant-Mag*. Nous n'avons hélas pas emporté nos livres avec nous pour les faire signer et là, Caroline prend l'un des *Instant-Mag* qu'elle avait avec elle, une édition limitée qui me manquait (je ne suis pas très riche), me le dédicace et me l'offre.

Ravis de ces deux rencontres, nous ne passons pas voir Marc Lévy, qui semble très énervé et au bord de l'excédation (ça, c'est un mot à moi) à chaque question posée sur Mylène. Il faut dire que depuis quelques mois, l'écrivain ne se rend plus du tout chez la chanteuse.

Le lundi suivant, le magazine *Voici*, que l'on pourrait renommer le « Mylène Farmer magazine officiel », nous offre justement des clichés de Mylène et de son « ami » – le mystérieux inconnu aux lys blancs – en vacances en Corse. Mylène est naturelle, rousse, et habillée un peu n'importe comment. Mais on s'en fout, elle est belle quand même et à présent, tout le monde est au courant de sa relation avec monsieur B., comme je l'appelle. Si je n'ai pas parlé plus tôt de monsieur B., c'est parce que mon journal était en ligne à l'époque, et je ne voulais pas dévoiler ce petit secret si bien gardé jusqu'à présent. Maintenant que cela est « officialisé », je peux un peu me libérer dessus. Les fans sont finalement très respectueux de la vie privée de leur idole ! Désormais, tout le monde sait aussi que la belle a acquis une résidence en Corse et qu'elle y va quasiment tous les week-ends, où elle fait paraît-il des orgies de charcuterie ! Durant ces mois, Mylène a vraiment une vie très « normale » : elle part bosser, elle voit monsieur B., quelques amis – toujours les mêmes – montent la voir, avec parfois quelques bouteilles de bon vin. Peu de célébrités sont reçues chez elle, contrairement à ce que prétendent des médias qui lui inventent des « relations ». Par exemple, Amélie Nothomb n'est pas une amie de Mylène, elle l'a vue une fois ! Marc Lévy est venu assez souvent pendant un temps. Mais sinon, le domicile de Mylène est loin d'être un repaire de people. Il faut dire que les amis de la chanteuse s'appellent Salman Rushdie et Bono, des gens assez occupés. Finalement, les seules personnes que Mylène voit régulièrement, ce sont les membres de sa famille. Tous les fans les connaissent. On imagine souvent Mylène distante et recluse, ayant coupé tous les ponts avec sa famille – elle l'a fait croire au début de sa carrière, voulant sans doute protéger son clan – mais il n'en est rien. Miss Farmer a le sens de la famille, croyez-moi !

mars 2004

La fin du mois est assez bonne dans l'ensemble, l'ambiance est de nouveau au beau fixe dans notre petite communauté. Un samedi, alors que notre petit couple de lesbiennes préférées se fait des mamours, comme d'habitude, un homme sort de l'immeuble de Mylène, s'approche de nous, et commence un long discours sur le fait qu'elles manquent de respect à la société et qu'il va appeler la police. Dans un langage soutenu, nous lui expliquons que l'homophobie est passible d'amende et d'emprisonnement. Et puis, si on n'aime pas les homosexuels, autant ne pas vivre dans le même quartier qu'une icône gay ! Petit tour au Virgin pour voir les concerts de Placebo et d'Indochine, tout juste sortis en DVD et diffusés sur de grands écrans télévisés au cœur de la boutique. Nous sortons beaucoup en ce moment un peu n'importe où, en tout cas toujours dans des bars et des restaurants. Nous sommes jeunes, manger et boire sont nos passe-temps ! Il n'y a pas de guerre clanique en ce moment, les choses se calment. Nous sommes tous ensemble et passons vraiment d'agréables moments. Sûrement les meilleurs… le pire restant à venir.

VI *avril 2004*

Nombreux sont les fans qui, dans les magazines ou sur les plateaux de télévision, disent que pendant les moments difficiles, Mylène leur remonte le moral. Je me suis toujours moqué de ce genre de propos et je n'aurais jamais dû. Pour des raisons que je ne souhaite pas expliquer, ma mère va mal et moi aussi. Pas un simple problème de famille, mais quelque chose de très grave et de très dur. Écouter Mylène n'apaise pas entièrement ma douleur, mais cela y contribue. Être fan de Mylène fait partie de moi, je ne peux pas fonctionner autrement. Je sais très bien aussi que l'écouter ne me suffit pas, comme tant d'autres admirateurs. Dans ces moments difficiles, j'ai plus que besoin d'aller chez elle, de la voir, de retrouver ces autres personnages du banc, qui ne vivent que pour « elle ».

Mon magazine, vous savez le luxueux et décapant blablabla, sort deux éditions limitées de son hors-série spécial interviews. Une fois de plus, des nouvelles photographies d'une série inédite, à tomber par terre. Mylène au naturel, cheveux lisses, comme on ne l'avait jamais vue. Nouvelle crise économique de mon portefeuille !

Mes parents partent en vacances, sans moi… et là je deviens une véritable loque humaine. Je reste cloué à ma chaise devant mon ordinateur, je mange uniquement des plats surgelés ou alors très rapides pour ne pas quitter l'écran et le clavier. J'écris mon blog, je chatte, j'entretiens mes relations virtuelles… Mes seules sorties sont pour aller sur le banc. Il ne s'y passe pas grand-chose, Mylène semble absente, plus aucun signe de vie de sa part, pas de lumière dans son appartement… Quand je ne sors pas, je fais venir le banc à moi ! J'organise une petite soirée tranquille avec les fans. Moment sympathique autour de pizzas devant la télévision, une ambiance toute simple.

Mon ex-petite amie Mélanie, la « contamineuse », vient passer une semaine près de Paris. Je suis aux anges et je pense déjà à toutes les choses que je vais pouvoir faire avec elle. Je passe un certain temps dans les transports pour aller la chercher et l'emmener là où elle rêvait comme moi d'aller, devant chez Mylène. C'est la première fois qu'à mon tour « j'initie » quelqu'un au banc. Mais, à peine arrivée, elle semble s'ennuyer et n'arrive pas à rester assise sur le banc plus de deux minutes. Heureusement, il y a rapidement de l'agitation… Une voiture, qui ressemble un peu à celle de Mylène mais en plus grande, se gare juste à côté de nous. Mylène est à l'intérieur du véhicule. Bon, ça je commence à avoir l'habitude. J'ai presque renoncé à apercevoir autre chose qu'un bout de tignasse rousse. Pourtant… Un homme très grand vêtu d'un long manteau noir sort du véhicule et s'avance vers nous. C'est Laurent Boutonnat !!! Quelques mois après ma première fois près du banc, quelques mois après toute cette attente, je vois enfin, à quelques centimètres de moi, le mentor et le complice de toujours de mon idole. Je pourrais presque le toucher. Il est très imposant, très charismatique avec sa pipe au bec. Il nous regarde, Mélanie et moi, avec un petit sourire, puis nous salue. Nous sommes comme deux enfants devant le père Noël, il faut dire qu'ils ont tous les deux la même pilosité.

Je m'avance doucement vers lui en lui tendant deux supports et lui demande s'il veut bien me les dédicacer. Il répond très gentiment par l'affirmative et m'écrit « Pour Ange, Amitié, L. Boutonnat ». Je lui demande alors si Mylène accepte de faire la même chose. Il prend mes supports, se dirige vers la voiture qui stationne alors dans le hall, puis demande à Mylène si elle veut bien laisser un petit autographe pour un fan. Elle s'exécute, et je ne verrai encore une fois qu'un petit bout lointain d'elle, je sentirai juste sa présence. Laurent me rapporte les autographes gentiment et la lourde porte se referme. Je suis dans un rêve. J'ai parlé à Laurent. Peut-être que la prochaine fois, ce sera la bonne. Peut-être que la prochaine fois, je la verrai enfin de plus près. J'en rêve tellement. C'est toujours une obsession.

Mélanie ne partage pas ma joie. Il faut dire qu'elle n'a rien à faire signer… Moi, je suis devenu un fan extrême, elle est restée simple admiratrice, de loin. Les quelques jours passés avec elle sont loin de ce que je pouvais imaginer. Nous ne sommes vraiment plus sur la même longueur d'ondes. De plus, elle ne pense qu'à une chose, c'est à aller chez moi, on ne se demandera pas pourquoi. Une fois rentrée chez elle, elle s'empressera d'ailleurs de raconter à tout le monde les ébats amoureux que nous avons eus, sauf qu'il ne s'est rien passé.

Un dimanche un peu plus tard, je ne sais pas trop quoi faire chez moi. Je prends mon RER et rejoins quatre fans assis sur le banc. Nous discutons comme d'habitude, sans trop attendre. Vers 15h, un taxi vient se garer à nos côtés. Mon cœur fait un bond énorme dans ma poitrine. Mylène est assise à l'arrière. Laurent Boutonnat sort en premier de la voiture, suivi de près par Mylène. Elle est très petite, naturelle, les cheveux en chignons, un tailleur beige et des lunettes de soleil assez imposantes. Je n'en reviens pas. Je suis seul au monde. Laurent et Mylène nous sourient et se dirigent très lentement vers l'entrée de l'immeuble. Laurent s'arrête un instant, Mylène nous regarde et nous fait signe de venir. Je m'approche d'elle, c'est ma première fois, et je ne sais pas quoi faire ni quoi dire. Seul un petit rire nerveux sort de ma bouche. Tout le monde rigole, Mylène y compris, et dieu sait qu'elle a un beau rire. Mylène me demande pour qui est l'autographe et lorsque je lui tends mon disque, le CD deux titres de « C'est une belle journée », je lui réponds : « euh… pour moi… ». Je me rends compte de l'énormité que je viens de proférer et je rectifie « pour Ange », puis elle me fait sa dédicace, Laurent également. Pendant que le barbu signe mon autographe, je vois que chaque fan passe à tour de rôle devant Mylène pour qu'elle les prenne dans ses bras ! On m'avait déjà raconté cette « tradition », je vais enfin la vivre… Avec une voix suraiguë, je dis « moi aussi », comme un enfant devant un manège. Mylène sourit une fois de plus et me prend dans ses bras. Je suis contre elle, je prends le temps de sentir son parfum, de la sentir contre moi. J'ai ma tête dans ses cheveux, dans son cou. Je me sens léger, je me sens bien, je me dis que j'ai atteint un but, mon désir ultime. Je ne me souviens pas bien de ce qui s'est passé après. Je suis comme dans un brouillard. C'est mon premier contact réel avec elle, il me faudra plusieurs jours pour m'en remettre. Je n'oublierai jamais cette première fois, jamais. Mais évidemment, ce bref contact ne fait que renforcer mon obsession. Serrer Mylène dans mes bras, l'embrasser, lui parler... C'est possible, je viens de le faire, mais je ne peux plus m'en passer.

Une fois que Mylène et Laurent sont rentrés dans l'immeuble, tout le monde s'assoit et c'est un peu comme après un orgasme… Certains se fument une clope, d'autres sont hagards… En tout cas, il y en a une qui est tordue de rire parce que lorsqu'elle était dans les bras de Mylène, son doigt fut coincé dans le sac à main de la chanteuse par un objet inconnu et elle a eu du mal à s'en défaire… Ça nous fait tous rigoler et ça détend l'atmosphère… Voilà, j'ai parlé à Mylène, et elle m'a parlé.

VII

mai 2004

Ma mère m'a toujours dit : « Au mois de mai, fais ce qu'il te plaît », et bien moi je réponds non. C'est un mois de mai plus proche du mois de maux que de mets. C'est beau ce que je dis parfois. C'est vrai que maintenant, j'ai serré Mylène contre mon corps et je me sens invincible. Je parle peu des cours, parce qu'ils n'ont pas d'importance dans ma vie « privée », mais je suis quand même en pleine année du bac. Il faut que je travaille toujours plus, toujours plus, toujours plus…

Je passe ma première épreuve, le sport, ce qui est assez simple, puisqu'il s'agit d'un contrôle continu sur toute l'année. L'athlétisme n'est pas difficile. Il suffit de s'imaginer en pleine Fnac courir après un collector de Mylène alors que d'autres fans veulent la même chose que vous, je vous jure que ça marche. Je m'en sors haut la main avec un 14 sur 20. Ma seconde épreuve, c'est le volley-ball, et là, je n'ai qu'un conseil à donner, c'est d'être avec de bons joueurs, ce qui me permet d'obtenir un 11 sur 20. Le dernier contrôle, c'est la musculation. Quand on voit ma carrure, on se dit tout de suite que je vais me ramasser comme une merde. Heureusement, les exercices sont proportionnels au poids, et n'excédant pas les 50 kilos tout mouillé, je m'en sors avec 16 sur 20. Je réussis donc ma première épreuve du bac sans trop de difficultés.

Nouvelle sortie d'organisée. La chanteuse Robert, dont j'ai déjà parlé, fait un showcase, suivi d'une séance de dédicace dans une Fnac parisienne. Je ne peux pas la rater, vu ma pauvre crise d'hypoglycémie de la dernière fois. Je mets des vêtements blancs, du noir sur mes yeux comme Dalida, et j'arrive avec 5 heures d'avance. J'en profite pour acheter le dernier album de Robert, qui est un best-of. Il y a deux éditions, je prends bien sûr celle qui est limitée… Je monte ensuite à l'étage pour attendre le petit concert. Je ne suis pas le seul en avance, il y a déjà trois personnes. Nous discutons ensemble, puis tout le monde arrive peu à peu. La moitié des personnes présentes sont des amis du « banc », si vous voyez ce que je veux dire. Je ne suis pas dépaysé. Tout comme Amélie Nothomb, Ysa Ferrer, Melissa Mars et quelques autres, Robert, dont la voix est très proche de celle de Mylène, fait partie de notre communauté. Elle sait que ses fans sont les mêmes que ceux de Mylène (en moins nombreux) et tout ça fait partie de notre monde. La soutenir est une activité « spontanée »…

On nous fait enfin rentrer dans la salle, nous nous asseyons devant la scène. Robert arrive, magnifique sur des talons très hauts, et chante plusieurs de ses chansons, qui sont encore inconnues pour moi. Une fois le show fini, nous passons chacun notre tour devant la chanteuse. Je suis dans les premiers, et très ému. Je me mets à genoux devant elle, lui dis bonjour, elle me répond et me dédicace mes supports. Elle me dit aussi que je suis magnifique et que ma chemise est très belle, ce qui réveille mon ego surdimensionné.

Au bout d'un moment, tout le monde s'en va, excepté votre serviteur et deux amies. Nous voulons savoir quand Robert sera enfin présente à la télévision. Nous faisons demi-tour et partons à la rencontre de Mathieu Saladin, le mari de la belle (qui a dit la bête ?). Robert nous rejoint et on se met à parler tous ensemble, comme de vieux amis. Pour moi c'est assez troublant, de voir une chanteuse que j'admire être aussi accessible… Il est impossible d'imaginer Mylène faire de même. Je rentre chez moi, et découvre le best-of de Robert, *Unutma*, qui reprend ses chansons les plus connues, perverses et mélancoliques (« Elle se promène », « Nickel », « Les Jupes », « Le Prince bleu », etc.). Je suis vraiment sous le charme.

Retour à mes études. Je dois passer mon oral de gestion-communication. Je suis assez confiant, étant donné les bonnes notes que j'ai toujours eues au bac blanc. J'arrive dans la salle et mon premier geste est de déposer sur la table, en guise de porte-bonheur, mon album *Anamorphosée* dédicacé par ses deux auteurs, Laurent et Mylène. Ça marche bien, puisque j'obtiens la note de 19 sur 20, coefficient 6.

Du côté du banc et de Mylène, ce n'est pas trop la joie. Certains fans font leur réapparition, et pas les meilleurs. Deux « personnages » – deux garçons d'une vingtaine d'années, parfois accompagnés d'une fille –, tristement célèbres dans notre communauté, viennent squatter, mais loin de nous, avec bouteilles d'alcool et substances illicites à fumer. Ils chantent n'importe quoi et se permettent d'insulter les passants, les autres fans présents, mais aussi les concierges de l'immeuble, ce qui énerve beaucoup le chauffeur de Mylène, mais aussi celle-ci. Ce sont ces mêmes personnes qui, peu de temps auparavant, sont allées pisser sur le paillasson de Mylène et ont laissé d'immondes tags dans l'ascenseur qu'elle prend tous les jours. Parce que oui, bien sûr, certains fans ont le code, un code qui en intéresse beaucoup et indiffère d'autres. Personnellement je n'ai jamais eu l'envie de monter, certains ne veulent que ça. Il s'en est passé, des choses, dans la cage d'escalier de chez Mylène, et les rumeurs vont bon train. Certains se vantent d'avoir fait l'amour dans les escaliers, d'autres d'avoir sonné à la porte de la belle… ils ont été « accueillis » par les deux jolies caméras en haut de chaque porte. Beaucoup de on-dit et de légendes urbaines circulent. Il y a l'histoire du paillasson de Mylène, volé par un fan – une « figure » du milieu, très sympathique et un peu original, avec son tatouage *Anamorphosée* qui lui recouvre le bras ! – qui aurait laissé un billet pour rembourser la star. Vrai ou pas, toujours est-il que depuis, le nouveau paillasson de Mylène est « cloué » au sol ! Ce même fan s'est d'ailleurs retrouvé intérimaire en 1999 dans l'entreprise de déménagement qui s'est occupée de l'un des deux appartements de Mylène – oui, elle possède un étage entier, depuis que Laurent a déménagé. Mylène avait décidé de réaménager l'appartement avec du mobilier asiatique. Quand ce fan a su que son déménagement se passait dans la rue de Mylène, il est arrivé avec une heure d'avance, et quand il a appris que ça se passait bel et bien chez son idole, il n'en revenait pas. Mais dès le début du déchargement du camion, il a croisé Laurent et monsieur P., le chauffeur, dans le hall. Les deux hommes lui auraient dit explicitement que s'il approchait Mylène, il était mort ! C'est après qu'il a hésité à voler la tasse dans laquelle on lui avait servi un café – pour la ranger à côté du paillasson ? Histoire moins mignonne, cette fan bourrée qui aurait détruit la vitrine du café d'en face un 31 décembre et s'en serait vantée sur les forums, pour faire son *mea culpa* quelques années après.

Pour revenir aux fans extrêmes, à chaque fois que ce « clan » de tristes sires arrive, nous sommes très mal à l'aise. Heureusement, la plupart des gens qui côtoient la star, et Mylène elle-même, savent faire la différence entre eux et nous. Quant à mon idole, elle coule des jours heureux auprès de monsieur B., qui lui redonne le goût de sortir simplement dans la rue. Ttous les soirs, ils sortent vers 23 heures pour aller dîner puis reviennent à pied. Mylène est beaucoup plus détendue avec les fans. Le dimanche, monsieur B. emmène sa belle faire du golf. Une vie simple – mais une vie aisée quand même ! Il y a quelques jours, j'ai même échangé quelques mots avec lui, en lui demandant, un jour que la voiture revenait, si Mylène était cachée dans le coffre. C'était un énorme effort pour moi, mais c'est vraiment un gars gentil. Et puis qu'est-ce qu'il en impose !

VIII

juin 2004

Je suis en plein bac, et mes sorties sont plus que limitées, elles sont quasiment inexistantes. Je passe chacune des épreuves avec mes petits grigris « myléniens », tout en étant très stressé. Pour moi, c'est d'autant plus difficile que je ne supporte pas d'être enfermé et entouré par des personnes que je ne connais pas. Autant dire que ça n'aide pas vraiment à la concentration. Les épreuves d'oral – dont l'épreuve pratique de comptabilité gestion – sont assez sympathiques, vu que j'aime beaucoup parler. Mais les épreuves écrites, où l'on doit rester assis des heures et des heures dans une petite pièce sans aucun bruit, c'est un vrai supplice pour moi. Même pour aller aux toilettes on est suivi, c'est pour dire… Une fois que tout ça est terminé, je n'ai pas trop de recul. Je n'ai pas énormément travaillé pendant l'année, mais je me suis maintenu à niveau. On verra bien. En fait, je m'en fiche un peu, c'est horrible.

Une fois les épreuves terminées, je reviens à mon essentiel et m'accorde une petite sortie chez Mylène, où je rejoins quelques fans. Nous parlons, nous attendons.

Une voiture arrive et se gare devant chez le coiffeur, le bâtiment juste à côté de chez Mylène. Élodie Gossuin, ancienne miss France et future fermière, sort du véhicule. Nous la voyons souvent, puisqu'elle vient se faire coiffer ici, mais ce qui nous attire ce jour-là, ce sont les caméras qui la suivent. Nous allons voir le voiturier du salon, avec lequel nous entretenons de bons rapports, et il nous apprend que la blonde est suivie depuis la matinée par l'équipe de « Saga », l'émission de TF1. Nous attendons qu'Élodie sorte, elle vient nous faire la bise comme d'habitude, nous fait ses petites dédicaces, et le caméraman, qui a déjà remballé tout son matériel, se dépêche de tout ressortir pour « capturer » l'instant. Quelques jours plus tard, dans le spot télévisé de l'émission, j'apparais en train de faire la bise à Élodie. À la diffusion du reportage, la voix off nous présente comme des fans de la miss !

Dernière sortie du mois, et pas des moindres. Le site Internet du Mylene.net, un des sites les plus actifs sur la chanteuse, organise une soirée entièrement consacrée à Mylène. Je ne peux pas ne pas y aller… Après un repas rapide sur les Champs-Élysées, nous rejoignons la boîte. J'y fais la rencontre de l'organisateur, qui me montre le maxi vynil de « You » des Good Sex Valdes, le groupe électro produit par Mylène, reçu le matin même.

juin 2004

Vers 23h30, nous rentrons dans la boîte sur un fond de « C'est une belle journée ». Grande timidité générale, personne sur la piste, hormis quelques fous… Moi, comme à chaque entrée dans une discothèque, c'est le bar qui m'attire et je me défoule sur les cocktails, histoire de me décontracter un peu. Cela dit, nous sommes presque tous dans le même cas. L'ambiance a du mal à démarrer quand, à minuit, le spectacle commence et de la fumée se propage sur scène... Fumons-nous trop dans la salle ? Non c'est fait exprès, pour annoncer l'arrivée de Mylène, ou plutôt de Frances le transformiste… C'est sur « Vertige » et une chorégraphie de sa création que Frances démarre le show, puis retourne dans la loge à la fin de la chanson. Tout le monde est ravi, je n'entends que des bonnes critiques autour de moi. Quelques chansons et chorégraphies plus tard, le clou du spectacle arrive, « Je te rends ton amour ». Là, c'est l'apothéose : c'est dans une robe magnifique, ressemblant parfaitement à celle de Mylène dans le clip, que Frances arrive et reproduit la gestuelle de la chanteuse. C'est à la fois divertissant et magique… loin des transformistes cheap que l'on peut voir dans certaines émissions.

Ensuite, Mylène à volonté, tubes des années 80, 90, remixes officiels et officieux. Une petite dose d'alcool (pas bien), et c'est la folie, on danse, on « chorégraphite »... Malheureusement, le DJ déconne. Il n'en fait qu'à sa tête et nous vire Mylène pour nous placer des tubes techno. Je n'ai rien contre ce style de musique, mais cela n'a aucun rapport avec le thème de la soirée.

Éjectés un peu tôt de la boîte, certains partent au dodo, d'autres disparaissent. Moi, je repars avec une fan et deux de ses amis, deux très belles rencontres, d'ailleurs. On boit un café, puis, sur les coups de 6h30, on va rejoindre un ami, mais aussi une de mes ex, danseuse, réapparue dans la circulation, devant chez Mylène. Une fois sur place, on ne les trouve pas, mais en cherchant bien, on les découvre tous les deux dans une voiture, emmitouflés dans les couvertures, profondément endormis. Ni une ni deux, on les réveille, et on va tous se prendre un Mac Morning sur les Champs. Nous tombons nez à nez avec Michal de la Star Ac, tout droit sorti d'une soirée qui avait dû finir bien tôt, vu son état de fatigue ! On retourne devant chez Mylène et peu après, son chauffeur, monsieur P., toujours impeccable, arrive pour venir la chercher. Il est étonné de nous trouver si matinaux, nous ne nous parlons pas, mais nos regards traduisent nos pensées... Mylène sort peu après. Ni cachée, ni allongée sur la banquette arrière… elle est magnifique, assise, le visage observant l'extérieur, les cheveux roux coiffés d'un chignon… un pull blanc… Ce matin-là, elle nous ignore, superbement… Après cette apparition de rêve, je rentre chez moi et comate toute la journée devant mes séries *Un dos tres*, *Absolutely Fabulous*, *Une nounou d'enfer*… J'ai toujours du mal à rejoindre le monde réel après avoir vu Mylène, même quelques instants. Plus je la vois et plus elle me manque…

IX

juillet 2004

C'est le jour de mes résultats du bac. L'angoisse m'envahit et dès le matin, je me rends au lycée, une boule au ventre. Jamais de toute ma vie je n'ai été aussi angoissé. Là-bas, je croise évidemment plein de monde, dont certains de mes camarades de classe. Je m'avance vers le tableau des admis… Je n'y suis pas. C'est pire que de la panique. C'est comme si je mourrais sur place. Je suis focalisé sur le tableau où mon nom n'apparaît pas. Je vais vers le panneau de rattrapage et bien évidemment, c'est pour ma pomme. Je n'y crois pas, j'avais tellement confiance en moi vue la super note que j'avais eue à ma toute première épreuve… Quelle déception. Il ne me manque que quelques points. En deux temps trois mouvements, je dois choisir mes deux matières principales à haut coefficient. Je suis donc à quatre points du bac. Mon père m'appelle, je lui dis, il me gueule dessus, bien entendu. Je suis puni pour le week-end, loin du banc où j'ai tellement envie et besoin de trouver du réconfort.

Le lundi suivant, je repasse mes épreuves avec le sentiment d'avoir échoué. J'ai choisi « comptabilité-gestion » et « éco-droit ». Je les passe à l'oral, où je suis plus à l'aise. J'ai vraiment l'impression d'avoir tout raté, surtout la compta. Les heures d'attente pour mon passage, puis celles pour avoir mes résultats sont interminables, mais surtout douloureuses. Enfin, le moment tant attendu arrive. J'ai réussi ! Me voilà débarrassé ! Je suis Christophe, bachelier de son état ! La formalité est terminée, une nouvelle vie commence… Le soir, j'ai au téléphone Mamie, Mèmère, Parrain, Marraine et même mes professeurs de comptabilité et d'éco-droit qui me félicitent. En clair, tout le monde est content, moi le premier… tout le monde sauf mon père, mais j'ai l'habitude.

La fête, je décide bien évidemment de la faire à Paris, avec les fans… Je me retrouve sur le banc, parmi les miens. Je passe la journée le cœur léger et elle s'achève de belle manière. Le soir, la voiture arrive, monsieur P. s'avance vers nous, sourire aux lèvres, et nous demande si nous avons quelque chose à dédicacer. Je lui réponds que j'aimerais bien que Mylène me dédicace mon bras droit afin que je me fasse tatouer son écriture par-dessus. Il rigole et me dit que malheureusement, cela pose un problème de transport… Comment emmener mon bras, sans le reste de mon corps, là-haut ? Je rajoute que j'ai eu mon bac et que je suis donc de très bonne humeur. Je lui demande également s'il peut faire un gros bisou à Mylène de ma part. Quand il redescend de l'immeuble quelques minutes plus tard, il s'allume une cigarette et nous échangeons quelques mots. Des moments rares que j'apprécie.

Le mois de juillet est un retour aux sources pour moi. Il y a une sorte de transhumance de tous les fans qui migrent vers le banc. Même les plus anciens reviennent, ce doit être la période ! Mylène rentre chaque soir dans la même tranche horaire, seule, mais précédée ou suivie de près par monsieur B., et elle dédicace un soir sur deux. Parfois, nous pouvons vraiment la voir, elle nous sourit, nous regarde, nous embrasse, tout va pour le mieux, en apparence. Dès que je rentre chez moi, j'écris ma journée et je mets mon récit en ligne sur mon site. Je suis conscient de la chance que j'ai de pouvoir la voir et l'approcher, même si le prix à payer (des heures d'attente pour quelques secondes d'extase) m'apparaît aujourd'hui comme une perte de temps. Mon souhait est de faire partager ces moments. Je reçois pour la plupart des mots très gentils où l'on me demande d'en raconter toujours un peu plus. Mais certains n'ont pas compris ce désir de partage et m'accusent de me vanter et de me donner une place à part. Je m'en prends plein la gueule. Assez rapidement, je reçois des insultes régulières aussi bien dans ma boîte e-mail que sur les forums consacrés à Mylène.

Je ne fais pas tout à fait partie de la communauté de ceux qui fréquentent majoritairement les forums et les sites Internet. J'ai dépassé un cran : je suis « un fan squatteur », et pour cette raison, je suis régulièrement lynché. On me dit que je manque de respect à Mylène, que je n'ai pas de vie sociale. Bien évidemment, je sais que beaucoup de mes « ennemis » crèvent aussi d'envie d'aller la voir, d'aller la toucher, mais c'est un autre débat ! Je suis d'accord qu'un manque de vie sociale s'installe forcément quand on consacre son temps libre à attendre son idole sur un banc. Mais dire qu'on manque de respect à Mylène est totalement faux. Comme dans n'importe quel groupe, la vie autour du banc est régie par certaines règles tacites entre Mylène et ses fans. Certains en font vraiment trop et sont aussitôt interdits de séjour par l'entourage de la chanteuse. C'est notamment le cas d'un vieux monsieur, très barbu… C'est un peu une légende, tout le monde sait qu'il lui est interdit de s'approcher de Mylène, mais pourquoi ? Mystère, mais beaucoup aimeraient savoir… Tout ce que l'on sait, c'est qu'il apparaît sur de nombreuses photos amateurs de Mylène dans la rue, à toute époque, toujours en retrait loin derrière. Pendant une période, je m'amusais à m'imaginer que, comme dans *The Truman Show*, il était le père de Mylène, mais que vu son personnage public, elle se devait de ne pas avoir de père, et l'avait abandonné. Il revenait vers elle, bref, je me faisais de belles histoires… Ce vieux fan barbu, il est toujours là, à rôder sans trop s'approcher. Le plus souvent, il circule en voiture, avec des jumelles. Il ne parle à personne, ne s'approche pas, c'est une énigme pour tout le monde. Une sorte de personnage mythique qu'on sent autour de nous, mais dont nous ne connaissons rien.

Tant qu'ils ne sautent pas sur Mylène, les autres fans peuvent rester. C'est toujours Mylène qui doit faire le premier pas et venir vers nous. Si elle n'a pas envie, nous restons en retrait. Mais si elle a besoin d'un contact avec nous, d'un moment de tendresse (ce qui arrive plus souvent qu'on ne croit), elle le fait comprendre et nous répondons présents. Mylène a dit récemment que son public n'était pas fanatique mais « aimant ». Elle n'a jamais rien reproché aux squatteurs réguliers et respectueux. Je dis ça tout en sachant très bien que cette attente désespérée pour la voir quelques instants est malsaine, et qu'il y a une réelle dépendance à venir dans ce lieu. À ce moment de ma vie, je suis dépendant du domicile de Mylène et de la chasse aux autographes, je suis un drogué, et je le sais.

La fin du mois est commune aux autres. Toujours les mêmes sorties, toujours les mêmes choses, mais je ne m'en lasse pas. De toute façon, j'ai besoin de partir de chez moi, car à la maison, je me sens aussi à l'aise que Cendrillon faisant la fête avec sa marâtre et ses deux belles-sœurs.

X août 2004

Deuxième mois de vacances, toujours des rencontres. Nombreux sont les nouveaux fans qui se procurent l'adresse par je ne sais quel moyen et viennent en pèlerinage. Pour nous les habitués, c'est toujours bien de voir d'autres têtes. Parfois, ce sont même de très belles rencontres que nous faisons et qui continuent, par texto ou Internet (vive MSN !). Plus honnêtement, lorsque des « nouveaux » arrivent, c'est aussi pour les anciens un moyen de se faire remarquer en racontant ce qu'ils savent, ce qu'ils ont vu. Le but est de faire partager, mais aussi de passer pour plus que nous sommes. Nous jouons nos personnages, égocentriques pour la plupart, originaux pour la majorité, mais humains malgré tout.

Le début de mois est marqué par les nombreuses visites de la sœur de Mylène, Brigitte pour les intimes. Brigitte est très appréciée par les fans pour la sublime pochette de *Remixes*, l'album sorti fin 2003, cette phrase étant bien entendu à lire avec ironie. Brigitte, c'est un peu Mylène, le même style, la même démarche, les mêmes mimiques. Elles pourraient, d'assez loin quand même, nous chanter « nous sommes des sœurs jumelles ». En ce moment, c'est une Brigitte nouvelle qui nous arrive, petite jupe longue assez moulante, visage découvert et chignon roux. Elle semble de super bonne humeur et elle est resplendissante. La voir nous comblerait presque du manque que nous éprouvons de l'absence de Mylène, qui n'est pas à Paris à ce moment.

Pensant que Mylène est chez elle, certains fans veulent lui offrir des fleurs. Ils demandent au mari de Brigitte s'il peut les monter. En lui parlant, nous découvrons un homme super bon vivant, style baguette dans une main et bouteille de vin dans l'autre, quoi que là, j'aurais plus penché vers le pastis, avec un bon rire franc. Nous avons du mal à nous imaginer Mylène avec un beau-frère aussi « normal ». Mais après tout, Mylène est comme tout le monde, et elle fait même des choses triviales dont je n'ose parler ici. Croyez-moi, certains oublient complètement cet aspect de sa personne.

Lors de l'une de nos sorties au Virgin des Champs-Élysées, nous tombons sur des grands bacs de disques soldés. Là, je trouve l'album d'Alizée, *Mes courants électriques*, à 3 €. Il descendra à 1 € quelques jours plus tard. L'album édition digipack que j'ai payé plus de 20 € à l'époque est aussi cher qu'un café ! C'est là qu'on se dit que rien ne vaut d'attendre. Je trouve partiellement mon bonheur avec l'album de Melissa Mars, *Et alors*, qui est au même prix. Lors de l'arrivée de cette jeune chanteuse dans le paysage musical français, avec « Papa m'aime pas », tout le monde la comparait à Mylène. Je veux donc « l'essayer » et je ne suis pas déçu. C'est un album assez mignon dans l'ensemble, une petite sucrerie qui n'est pas aussi proche de Mylène qu'on peut le dire.

Le mois suit son cours, il fait très chaud. Lorsque nous le pouvons, nous allons au café, pas celui juste en face de chez Mylène, mais un peu plus loin. Nous sommes une majorité à ne plus retourner au café d'en face suite aux problèmes que nous avons eus. En effet, depuis l'arrivée des nouveaux propriétaires et du serveur, nous essuyons pas mal de moqueries. Et puis un jour, je ne sais pas par qui, je ne sais pas comment, ils ont obtenu l'adresse de mon blog sur Internet. Ils se sont alors aperçus que je parlais parfois d'eux et de toutes les fois où ils nous accusaient de ne pas payer alors que c'était faux, ce qui ne nous plaît pas… Bref, une après-midi que je rejoignais une amie au café, le serveur nous a violemment jetés et a refusé de nous servir. Les tenanciers de ce « noble » établissement ont perdu beaucoup de clients en une seule fois…

Après un moment d'hésitation, mes parents s'en vont, avec mon frère. Ils me laissent deux semaines tout seul à la maison. C'est une première, je ne suis jamais resté indépendant aussi longtemps. J'apprends donc à utiliser le lave-vaisselle, la machine à laver et tout, que des trucs de femme en fait, non je rigole ! Je n'hésite pas non plus à inviter d'autres fans pour venir passer du temps avec moi. Une nuit, nous regardons les concerts pirates du *Mylenium Tour* en Russie, un grand moment... Parfois, je passe aussi mes soirées sur Internet pour parler à d'autres fans. Certains m'inondent de questions et je réponds à la majorité. Lors de ces conversations, je me rends compte que les fans de Mylène ne sont à mes yeux « que » des fans. Nous parlons uniquement d'elle ou de quelque chose qui a rapport à son univers. Peut-être que je commence aussi à m'éloigner, je ne sais pas. Mylène a toujours autant d'importance, mais il m'arrive aussi d'avoir envie d'autre chose, de relations plus construites. Un événement de taille secoue notre communauté : Mylène va bientôt déménager, après plusieurs années passées au même endroit. Ce déménagement changera également bien des choses chez moi, il activera en quelque sorte ma « guérison », même si elle sera émaillée de nombreuses rechutes… La fin des vacances se fait sentir, bientôt la rentrée des classes…

troisième partie

CELUI QUI SE CONSTRUIT

I septembre 2004

Les vacances sont finies. Je suis inscrit en BTS assistant de gestion PME PMI dans le lycée où j'ai passé ma terminale. J'aime l'établissement et certains professeurs… donc ça me fait plaisir. Mylène va déménager et je commence à prendre un immense recul par rapport à tout ça. Elle n'est déjà plus beaucoup chez elle, enfin nous ne l'y voyons plus très souvent et de nombreuses rumeurs circulent. Certains fans se rendent en bas de chez monsieur B., mais personne là-bas non plus… Mon BTS m'occupe tout mon temps libre, mes week-ends et mes soirées. Je suis à fond dedans, et c'est un rythme qui me convient parfaitement. Je conserve néanmoins des petits laps de temps pour naviguer sur le net, poster sur les forums et lire mon magazine favori sur Mylène, *Instant-Mag*. Mais j'essaye de me retenir un peu plus qu'avant d'aller devant chez Mylène. De même, je tiens moins régulièrement à jour mon blog, car ma vie n'est plus centrée sur Mylène et le banc.

Cependant, une dépendance ne s'en va pas comme ça. J'enfreins la règle que je me suis fixée en y retournant le 5 septembre, date du concert de Madonna à Paris-Bercy. Tous les fans savent que Mylène va y aller. L'après-midi est sympathique et elle se termine pas l'arrivée du manager de Mylène, Thierry Suc, et du meilleur ami de la chanteuse, monsieur S. – je ne m'étends pas sur le sujet, car monsieur S. ne nous a jamais aimés, et ça se voit, mise à part une fan, mais on ne sait pas pourquoi ! –, venus chercher Mylène et monsieur B. pour aller à Bercy. Lorsque la voiture ressort, nous ne nous attendions pas à ce que Mylène soit aussi radieuse et détendue. Elle a son chignon des grandes sorties, une veste beige... Elle se plie en avant et met un petit coup à Thierry assis devant elle afin qu'elle puisse passer la tête et son bras par la fenêtre pour nous faire de grands signes, comme on fait quand on quitte ses proches amis... Magnifiques instants de quelques secondes... Ceux qui l'ont attendue ce soir-là l'ont vue rentrer à 3 heures du matin, à pied, avec monsieur B. Elle a passé une bonne vingtaine de minutes avec les fans présents. Dans la journée, une grosse rumeur circulait comme quoi Mylène avait passé un moment avec Madonna au Georges V. Mais à ce moment précis, elle était en train de s'acheter des bottes dans un luxueux établissement ! Mylène et la Madonne ne sont pas si intimes qu'on le dit, non !

septembre 2004

Le prochain départ de Mylène de son domicile met un grand coup à tout le monde. Le cérémonial du « banc » n'existera plus, c'est la fin d'une époque. Certains fans commencent à moins venir, comme pour se préparer à la séparation... Je me rends compte de qui sont vraiment mes amis. Je garde contact avec quelques-uns, alors que d'autres ne prennent même pas de mes nouvelles, ce qui fait un peu mal. Il me reste aussi les forums pour garder contact avec des fans, car j'en ai encore besoin. On trouve parfois parmi les fans des personnes atteintes de jalousie pathologique, de sadisme démesuré ou de mythomanie déconcertante, je ne peux pas l'expliquer. Il suffit de passer une journée sur un forum consacré à l'artiste pour s'en rendre compte. Si vous étiez un fan « néophyte » et que vous vous rendiez sur les forums consacrés à Mylène, vous auriez parfois l'impression que tout le monde connaît jusqu'à la marque de ses sous-vêtements. Je devrais me retenir de dire ça, car certains fans vont jusqu'à faire les poubelles... Heureusement, tout le monde n'est pas comme ça.

Le 10 septembre, c'est la journée du Patrimoine. J'ai une idée, aller visiter l'abbaye de Mériel où a été tourné le clip de « Je te rends ton amour », mon préféré.

J'appelle Hervé, un très bon ami. L'affaire est vite dans le sac. Le samedi qui suit, nous sommes tous les deux sur la route que Mylène empruntait quelques années plus tôt… Malheureusement, entre les travaux sur la voie du train et un suicide, nous prenons beaucoup de temps avant d'arriver au village de Mériel. Plus tard, j'apprendrai que la personne qui s'est suicidée était la meilleure amie de quelqu'un de très proche de moi. Petite parenthèse, j'avais besoin de le dire. Arrivés à Mériel, une bonne marche tout en montée nous attend, puis une longue route à travers champs. Après un passage dans un petit cimetière perdu au milieu de rien, nous sommes devant les grilles de l'abbaye dans laquelle se déroula le sulfureux « Je te rends ton amour ».

Là, nous jouons franc jeu avec les personnes à l'entrée. Nous venons car nous sommes fans de Mylène Farmer et que sans ça, nous n'aurions certainement pas bougé nos petits pieds. Notre interlocutrice nous raconte alors qu'elle a connu l'abbaye avant le clip, et qu'elle a tout de suite reconnu le monument dans la vidéo. Elle nous dit aussi qu'une fan belge est venue une fois pour « marcher sur les pas de Mylène », puis nous laisse entrer gratuitement. Chouette, 2 € d'économisés ! Nous reconnaissons très bien l'abbaye de l'extérieur et en faisons le tour, mais nous ne trouvons pas l'espèce de grotte de laquelle Mylène sort au début du clip.

Une fois à l'intérieur de bâtiment, c'est le drame, on ne reconnaît rien. Heureusement, nos « amis de l'abbaye » nous aident à retrouver l'endroit où Mylène se baigne nue dans le sang. Puis nous passons à l'étage supérieur – magnifique –, qui nous est beaucoup plus familier. On retrouve aisément le lieu où Mylène est crucifiée en tenue d'Ève, sur de vieilles poutres en bois. Nous redescendons pour discuter avec le directeur des lieux, qui n'est pas un prêtre, l'abbaye n'étant plus sous « l'emprise de l'Église ». Malgré son grand âge et sa profonde surdité, il répond à nos questions, nous parle du tournage, d'une Mylène qui se détachait de Dieu, d'un clip où tout a été travaillé car les objets qui s'y trouvent – crucifix, confessionnal, statue, chaises… – n'appartiennent pas à l'abbaye elle-même. Ensuite, il nous rabâche tous les tournages qui ont eu lieu au même endroit, et la célèbre histoire de Jean Rochefort et de sa caravane, que je vous épargne… Pour finir, nous découvrons enfin la fameuse grotte que nous ne trouvions pas. Il s'agit en fait de l'entrée d'un cellier, une sorte de cave qui sert de frigo géant. Mylène sort donc d'un frigo !!!

La visite finie, les gens de l'abbaye nous demandent nos adresses pour nous envoyer plus tard toute une documentation sur le monument et pour nous remercier de notre gentillesse… Nous rentrons la tête pleine de souvenirs et l'appareil bourré de photographies dont j'ai malheureusement supprimé la quasi-totalité aujourd'hui. Sur le moment, nous sommes heureux… Être fan de Mylène c'est aussi ça, faire des choses enrichissantes et rencontrer des personnes intéressantes. C'est l'une des premières fois que je me rends sur un lieu qu'elle a fréquenté autre que son domicile. Je suis heureux. Je change et j'évolue…

II *octobre / décembre 2004*

Les mois d'octobre et de novembre sont exclusivement consacrés à mes études. Pas ou peu de sorties, et surtout du travail, nouveauté pour moi ! Début décembre, le premier pour être précis, alors que je surfe sur le net en cours d'informatique (que celui qui n'a jamais fait ça se lève) je tombe sur un message d'un forum : « Elle déménage ! ». Je suis bloqué, j'appelle tout le monde. Pas moins de trois camions sont arrivés depuis le matin en bas du domicile de chez Mylène et, devant des dizaines de fans en pleurs, tétanisés, les déménageurs descendent les meubles de la chanteuse. Un mobilier blanc, des tableaux, une sorte de sculpture représentant la fable *Le Corbeau et le Renard*. Mylène est absente, Laurent également. Seul le fidèle monsieur P., le chauffeur, supervise le tout. Mais les fans n'ont pas le « courage » d'aller lui parler…

La plupart de ceux qui sont là voient une partie de leur vie prendre fin. Les plus extrêmes parlent déjà de la nouvelle adresse et s'empressent de se renseigner auprès des déménageurs. Il y en a même qui font de véritables missions d'espionnage vers le camion de déménagement et auprès de tous les gens de la rue pour savoir où elle peut bien aller. Même si tout le monde sait que Mylène n'habite plus là depuis un moment, c'est aujourd'hui la fin d'une époque. Nous sommes tous bouleversés. Seuls les concierges semblent ravis. Le départ de Mylène signifie également le départ des fans squatteurs.

Parallèlement à son déménagement, le retour médiatique et musical de Mylène commence à se faire sentir très sérieusement. Les rumeurs les plus folles pullulent sur les sites Internet et les forums. Nous n'en pouvons plus d'attendre. Une autre nouvelle me réveille, l'arrêt du magazine *Instant-Mag* en cette fin d'année. Personne n'ignore toute l'affection que je porte à ce journal. *Instant-Mag* s'arrête avec un dernier numéro exclusif. Et quel numéro ! Non seulement les articles sont toujours très intéressants, drôles et culturellement instructifs, mais toutes les photos sont totalement inédites. Des clichés du grand photographe italien Marino Parisotto Vay montrant Mylène sur les toits de Paris, dans la rue sur une chaise, sur un escabeau... Avec en cadeau le calendrier 2005 qui reprend les plus beaux clichés du photographe. Le prix est un peu élevé mais largement justifié. L'arrêt du magazine entraîne l'arrivée d'un « remplaçant » par la même boîte de production. Le journal s'appelle *Mylène Farmer et vous* et je m'empresse de l'acheter. À ma grande surprise, un petit article signale mon blog sur Internet et ne tarit pas d'éloges sur moi, tout en signalant mes nombreuses fautes d'orthographe ! Malgré la qualité du magazine, il lui manque la pointe de décalage et d'ironie de son prédécesseur…

Pour en revenir aux folles rumeurs concernant le retour de Mylène, l'une m'interpelle grandement. Une personne au pseudo de « Mylange » dit avoir vu une affiche dans un Virgin parisien annonçant la prochaine tournée de Mylène. C'est la première fois depuis des semaines qu'une information est « officialisée ». Ce « contact » promet une photo de l'affiche dans les jours à venir. Il ne m'en faut pas plus pour annoncer la nouvelle à quelques amis et partir à la recherche de cette affiche. Durant une journée, nous passons au crible les Fnac et Virgin de la capitale, mais personne n'est au courant de la nouvelle. Direction la Fnac de La Défense, dont nous ressortons bredouilles également. C'est à croire que Mylène ne réapparaîtra jamais. Au moment de reprendre le RER, nous découvrons un Virgin (oui, nous ne sommes pas du coin !). Qui ne tente rien n'a rien… J'avance et, derrière le comptoir de la billetterie, je vois très nettement marqué « Mylène Farmer ». Mon cœur n'en peut plus. Je cours vers l'affiche comme un fou et je la prends en photo sur mon portable. On passe à la caisse pour plus de renseignements, et la vendeuse nous dit qu'effectivement, les places pour les concerts de Mylène (janvier 2006 !) à Paris-Bercy seront en vente dès le 19 décembre. Cela confirme les propos tenus par Marc-Olivier Fogiel la semaine passée dans son émission, alors qu'il recevait le sulfureux biographe Bernard Violet pour son ouvrage décrié sur Mylène (j'y reviendrai plus tard).

Arrivé chez moi, je suis tout excité, et je ne peux m'empêcher de diffuser un peu partout sur les forums l'affiche et ce que la caissière du Virgin nous a dit. Comme à l'accoutumée, je passe pour un menteur. C'est la règle parmi les fans. Vous donnez des infos et tout le monde vous tombe dessus. Mais quand vous n'en donnez pas, vous n'avez aucune importance dans la communauté. Quelques jours plus tard, une nouvelle rumeur concernant Mylène inonde les forums. La star donnerait une conférence de presse dans les jours à venir pour annoncer son nouvel album et sa tournée à suivre… Tout de suite, c'est le même schéma, beaucoup pensent que c'est bidon, et certains, qui disent travailler pour et avec la chanteuse – il y en a beaucoup, et si on les croit, Mylène travaille vraiment avec beaucoup de jeunes gens –, crient au « fake », ces fausses informations diffusées sur le Net. Pourtant, le 16 décembre, une conférence de presse est bel et bien accordée par Thierry Suc, Laurent Boutonnat et Mylène Farmer dans les salons France-Amérique d'un hôtel du 8e arrondissement, devant un parterre de journalistes soigneusement sélectionnés. La tournée est annoncée, ainsi que le nouvel album, *Avant que l'ombre…* Après 6 ans d'absence, ponctuée néanmoins par des petites actualités mais rien de bien excitant, Mylène est vraiment de retour. L'adresse de la conférence n'a pas beaucoup filtré, mais quelques fans se rendent sur les lieux pour tenter d'apercevoir la chanteuse, sans résultats. Heureusement la majorité des « conviés » sont aussi des fans, ce qui permet quelques fuites. Car il ne faut pas croire, parmi les journalistes, on trouve des tonnes de fans fous furieux de Mylène et c'est pour ça que nous sommes si bien renseignés !

Immédiatement, la presse et la télévision nous bombardent de nouvelles images d'une Mylène radieuse, certes avec quelques années de plus, mais toujours aussi belle, et accompagnée d'un Laurent Boutonnat qui semble plus que jamais reprendre sa place à ses côtés. La machine « Farmer » se remet en marche et les fans deviennent de plus en plus impatients. De mon côté, je replonge. Autant, les mois derniers m'avaient un peu éloigné de mon idole, mais la voir à nouveau entraîne une belle rechute. Je veux la revoir, la toucher, la prendre dans mes bras à nouveau.

Les fans me manquent également horriblement, car ils font autant partie de ma dépendance que la star elle-même. Je participe à une rencontre entre fans organisée par un forum. Nous nous retrouvons dans un grand magasin des Champs-Elysées. Il y a pas mal de gens que je ne connais pas du tout, un webmaster qui fait partie de mes connaissances et avec qui c'est tout de suite très tranquille. Et puis une fille, Florence, avec qui j'avais eu de longues discussions sur MSN et envers laquelle j'ai un début de sentiment amoureux. Petit pèlerinage devant « l'ancien chez Mylène », puis dans les endroits qu'elle fréquente régulièrement, comme ces deux petits restaurants où elle mangeait très souvent, le chemin qu'elle emprunte en voiture pour rentrer du studio, et même les magasins, chics bien sûr, qu'elle fréquente. Nous finissons dans une boutique de collectors quasiment consacrée à notre idole. C'est une petite boutique très connue des fans et appréciée car, malgré peut-être ses prix assez élevés, il n'y a pas de contrefaçons (très courantes dans les magasins ou les conventions de disques), excepté des badges à l'effigie de Mylène, mais que tous les fans s'arrachent !

En sortant de la boutique, Florence se rapproche de moi et me prend le bras, puis la main. Je laisse faire, car cela ne me gêne pas… Arrivés devant la bouche de métro, je sens la sienne (de bouche) sur mon cou, laissant la mienne (de bouche) bée… Je ne sais pas comment réagir et reste très embarrassé. Quelques minutes plus tard, nous nous retrouvons seuls pendant quelques minutes. Florence m'attrape alors puis me roule une pelle, carrément. Je sens que ce baiser est très amateur et inexpérimenté, mais il m'a été volé et c'est d'autant plus beau. Je ne compte plus le nombre de câlins et de baisers qui s'ensuivent. Je rentre chez moi avec un sentiment étrange qui me ronge, et qu'on appelle « l'amour ». À cette époque, la fin d'année est calme, j'ai l'impression que tout, ou presque me réussit. À l'école, mes résultats sont très satisfaisants, j'ai maintenant une petite amie et chez moi, le peu de temps que j'y passe, ça va plutôt bien.

III *janvier / février 2005*

Tout va pour le mieux. J'ai de bons résultats scolaires, mes études en BTS me plaisent vraiment. Tous les jeudis, je fais des « actions en entreprise » et je travaille dans une librairie près de chez moi. C'est une petite librairie où l'on trouve de tout. Contrairement à d'autres lieux de vente de livres, plus imposants, ici on sait ce que l'on vend, on peut conseiller le client. Il n'y a que la gérante et une vendeuse, mais elles connaissent très bien leur métier. Moi, je m'occupe de la partie comptable et administrative, mais je m'amuse surtout à dévorer toutes les bandes dessinées dès que j'ai un moment de libre. Côté amour, tout va merveilleusement bien, Florence est une petite amie vraiment très belle. Je ne la vois pas souvent, mais à chaque fois, c'est toujours bien. C'est comme si je la connaissais depuis toujours, et c'est pour ça que je n'en parle pas beaucoup… elle fait partie de ma vie. La première fois que je suis allé chez elle, nous étions très stressés, car ses parents n'apprécient pas qu'à son âge, elle fréquente des garçons. Et qui a débarqué juste avant que je parte : ses parents, évidemment ! Ils n'ont pas mal pris la chose, bien au contraire, ils se sont montrés très courtois avec moi. Ensuite, j'y retourne régulièrement et ses parents sont toujours adorables avec moi. L'ambiance à la maison est relativement bonne. Que demander de mieux ?

Le retour de Mylène, prévu pour la fin janvier, semble avoir du retard, mais quand on est fan, on comprend et on pardonne, car on a l'habitude. Le secret est gardé jusqu'au bout mais malgré tout, une rumeur folle court sur Internet. Le nouveau single s'appellerait « Fuck them all » ! Le 8 février, annonce brutale à la radio : le nouveau single, dont le titre est tenu secret, sera diffusé le lendemain matin à 6 heures… La planète Farmer passe une nuit agitée.

Je mets mon réveil et à 5h58, NRJ s'allume en automatique. J'entends « Mylène Farmer, son nouveau single » avec la voix super grave du mec pendant le jingle, puis une sorte de mix de 10 secondes des plus grands tubes… Enfin, une musique inconnue résonne… Je suis dans ma chambre, tout mon corps frissonne…. J'ai attendu ce moment depuis 2003, quand j'avais entendu les inédits du best of *Les Mots*. Les petites habitudes reviennent, à savoir qu'à la première écoute d'une chanson de Mylène, on ne comprend quasiment rien ! Contre toute attente, le titre s'appelle bien

« Fuck them all », une provocation un peu gamine à mon goût. Je trouve la chanson jolie et la mélodie très « farmerienne », et je me rendors dès la dernière note. Être réveillé par sa reine, quoi de plus agréable... Oui, j'aime toujours Mylène...

À mon réveil, j'y repense et branche les écouteurs sur les oreilles, pour une deuxième écoute. Je prends mon petit-déjeuner, et revoilà la chanson. J'interromps ma mère qui tente de me parler... Je suis assez déçu en fait, c'est un peu trop « Mylène » à mon goût, je m'attendais à quelque chose de nouveau et j'ai plutôt l'impression d'écouter une chanson de l'album *Innamoramento*. Mais Mylène reste ma drogue dure et je ne peux pas m'empêcher de partir à mes cours avec la musique. C'est pourtant la première fois que j'ai des sentiments « critiques » envers mon idole... Là, même en cours, j'écoute la radio, la chanson passe toutes les heures et je l'attends fébrilement. Même si je n'apprécie pas tant que ça, je suis obligé de la réécouter. À peine rentré, je ne souhaite qu'une chose, enregistrer la chanson pour me la passer à l'infini. Sur les forums et les chats, c'est la folie, des guerres entre fans éclatent pour savoir à qui va le mieux traduire les paroles de Mylène, la championne de l'articulation ! C'est très marrant de voir toutes les versions proposées. C'est aussi significatif de voir les comportements de haine et de passion que tout cela engendre. Vous pouvez être sûr que dès que Mylène sort quelque chose, la première réaction de certains va être « ah putain c'est nul, c'est de la daube, elle est finie » !!!

Quelques jours plus tard, je me promène dans Paris avec des amis de ma classe, pas du tout fans. Nos pas nous mènent (ô surprise) devant l'ancien domicile de Mylène. Je n'ai pas encore sa nouvelle adresse, jalousement gardée par le clan des ultras. Non, ne croyez pas que le fan est partageur !

Nous nous arrêtons pour boire un café. Au moment de partir, grosse surprise : la voiture de Laurent arrive, puis celle de Mylène. Ça fait tellement longtemps que je ne les ai pas vus, que je ne leur ai pas parlé. Je me dois de rester, et je me fâche avec mes camarades afin qu'ils me laissent seul. Ces moments-là, je ne les partage pas avec des « non fans ». J'attends dans le froid et au bout d'une heure ou deux, monsieur P., le chauffeur de Mylène, passe devant moi, me reconnais et me salue. Il me dit aussi que je risque d'attendre longtemps car Laurent et Mylène sont occupés là-haut. Ce n'est rien pour moi, ça fait tellement longtemps que les heures, je m'en fous. J'appelle un ami fan qui me rejoint et nous attendons patiemment. Un second ami arrive également. Enfin, au bout d'une attente interminable, Mylène sort enfin en voiture, mais elle ne s'arrête pas. Nous n'apercevons que sa magnifique chevelure, un beau chignon bien monté comme d'habitude. Laurent suit à pied, tranquillement. Il s'arrête près de nous, nous dédicace, et discute un peu. Malgré nos questions, il ne peut malheureusement pas nous donner le nom du réalisateur du clip « Fuck them all », qui sera bientôt diffusé. Il nous dit : « C'est un réalisateur espagnol très talentueux ». Je lui demande « Almodovar ? », « Amenabar ? », et il me répond : « Quelque chose dans le genre, mais je ne saurais pas vous le prononcer », puis il s'en va en rigolant. Ça m'a fait du bien de le voir.

IV *mars 2005*

Avec Florence, il commence rapidement à y avoir des problèmes. Pour aller la voir, j'ai deux heures de transport aller et deux heures retour, c'est quand même énorme. Je passe plus de temps dans le train qu'à ses côtés. Elle, elle ne vient jamais chez moi, peut-être par rapport à la distance, peut-être par rapport à ses parents, je ne sais pas. En plus, ses amis ne m'aiment visiblement pas, notamment son meilleur ami, totalement possessif à son égard et amoureux transi sans se l'avouer… Rapidement, on s'engueule sans raison apparente. Parfois, je cherche même l'embrouille pour ne plus avoir à l'écouter. Je me rends compte que Florence est ce que je cherche à fuir depuis quelque temps, même si j'ai du mal à me l'avouer : une fanatique pure et dure, qui n'a d'autre sujet de conversation que Mylène et la voit partout. Elle n'a aucune notion de la vie réelle, elle vit dans une bulle… fan jusqu'au bout des ongles, dans son monde, celui que j'essaye de quitter. Mon histoire d'amour tourne au fiasco et nous rompons assez vite… Ce ne sera pas la bonne...

Le 9 mars, c'est le jour de la diffusion du clip de « Fuck them all », vers 8 heures du matin. Je change de groupe de travail pour ne pas aller en cours et me fade toutes les merdes du moment jusqu'à l'instant « X » ! Le clip est court, esthétiquement pas génial, avec une Mylène un peu fade et un scénario qui pourrait tenir en une phrase et qui reprend toutes les idées de Boutonnat. Bref, pas d'innovation et de nombreuses erreurs de montage, qui frappent dès la première vision. Je suis très déçu et ma mère l'est pour moi aussi. Pour le premier clip d'un nouvel album, on s'attendait à mieux et là, c'est un peu n'importe quoi. La période est tout de même bonne pour les fans, car dans les magazines affluent de nouvelles photographies de Mylène par Claude Gassian et des discours pour la plupart élogieux. Les journalistes parlent d'une Mylène toujours aussi provocatrice, toujours avec les mêmes thématiques sombres pour un clip soi-disant très proche des précédents. Moi, je reste déçu…

Toujours en mars, je rencontre Julie, « ma bulle », surnom que je lui attribue par rapport à son pseudo Internet. On discute depuis un moment ensemble par MSN, mais je ne l'ai jamais vue. Je la trouve tellement mignonne sur ses photos que je me dois de la rencontrer ! On se donne rendez-vous sur Paris, à l'Opéra. À première vue, elle me fait peur, rousse en chignon. Je vois déjà une fanatique comme j'en ai côtoyé des dizaines. Mais c'est tout l'inverse, une personne gentille, qui n'a pas la langue dans sa poche, et qui peut surtout parler d'autre chose que Mylène. Je l'emmène devant les bureaux de Mylène, rien de particulier. Les locaux professionnels de la chanteuse n'ont jamais fait l'objet de squattage, ni suscité le même intérêt que son domicile, d'une part parce qu'on ne peut pas s'y arrêter, d'autre part parce que les boutiques sont beaucoup trop luxueuses pour les pauvres que nous sommes ! La première fois que j'y suis allé, Lenny Kravitz séjournait dans le palace d'en face, et il y avait une foule de paparazzi. Bien évidemment, nous avons tous cru que c'était pour Mylène, mais pas du tout ! Pauvres fans monomaniaques !

Je revois Julie quelque temps après au Salon du livre le 27 mars, où je suis venu avec une amie fan de la première heure, Patsy (dont j'ai déjà parlé), pour voir Amélie Nothomb. Amélie, mon idole de la littérature, devant laquelle je suis toujours aussi intimidé. J'ai sur moi *Biographie de la faim* et ma PLV[13] *Robert des*

---

[13] PLV : publicité sur lieux de vente. Il s'agit souvent de grands cartons à l'effigie d'un artiste, d'un livre ou d'un film. Très recherché par les collectionneurs.

noms propres, pour qu'elle me les dédicace. Quand je lui dis mon prénom, « Ange », elle répond qu'il me va bien. Je lui rétorque qu'elle me l'a déjà dit l'année précédente, ce qui la fait rire. Après, elle me laisse penser, toujours avec son exquise politesse, qu'elle se souvient effectivement de moi, ce dont je doute fortement. Je lui donne deux bises et une lettre… de 25 pages, qui contient « La vie d'un ange », le début de mon blog sur Internet, qui n'est pas encore le livre que vous tenez entre les mains. J'ai envie de le partager avec elle… Le reste du Salon du livre est assez inintéressant, contrairement à l'année passée. Peut-être que le fait de travailler désormais en librairie me donne un regard plus professionnel sur le monde de l'édition. Peu après, je tombe sur mon ex, Florence, et son meilleur ami, à côté duquel le strabisme d'Élodie Frégé passerait inaperçu. Je la regarde et ne la trouve plus belle du tout…

Avec Patsy et ma bulle, nous continuons notre petite promenade jusqu'à Bernard Violet… Le fameux Bernard qui a écrit une biographie[14] soi-disant pleine de scoops sur Mylène et qui aurait été jusqu'à abuser de sa chère mère. Pour ceux qui ne connaissent pas l'affaire,

---

[14] *Mylène Farmer*, Bernard Violet, Fayard, octobre 2004.

mars 2005

Bernard Violet est un journaliste qui s'est attaqué au morceau de taille qu'est Mylène Farmer. Il a beaucoup agité les médias en prétendant, peu avant la sortie de sa biographie en octobre 2004, avoir percé un mystère exaltant sur l'enfance de Mylène. Évidemment, tout le monde s'est enflammé, en pensant « inceste », « viol », etc. Mais ce que Bernard Violet a juste découvert, en allant enquêter au Canada (où Mylène est née), c'est qu'un jour, elle avait caressé un putois sur le chemin de son école et que tout le monde s'était moqué d'elle parce qu'elle sentait mauvais. À son retour chez elle, sa mère l'aurait plongée dans un bain de tomates pour faire disparaître l'odeur ! Un affreux traumatisme, qui selon l'auteur, lui aurait donné le goût du sang dans ses clips ! Ben voyons ! Mais le plus ennuyeux, c'est que Bernard Violet se serait également introduit chez la mère de Mylène, qui est mal voyante, en prétendant être un ami de sa fille. Personne n'a la preuve de ça, mais le biographe s'est fait incendier chez Marc-Olivier Fogiel pour ces faits. Bref, Patsy, Julie et moi entamons un débat des plus mouvementés avec ce pauvre Bernard Violet en le couvrant d'insultes. Épuisé, il nous promet de nous offrir le livre à tous les trois ! À ce jour, nous attendons toujours ! Bernard, si vous nous lisez !

FOU DE MYLENE FARMER

Le nouvel album de Mylène, *Avant que l'ombre*... va bientôt sortir, début avril. Plusieurs listes de chansons commencent à circuler sur Internet, avec des « paroles » et beaucoup ont un ami qui a un ami qui... a écouté l'album. Pourtant, aucune information officielle ne circule, pas même la pochette. La rumeur la plus tenace qui ait couru sur ce fameux album est qu'il se serait appelé *Rimbaud Warrior*. Comme quoi... Je tombe sur un concours organisé par NRJ pour assister à l'écoute en avant-première du nouvel album, dans un lieu parisien tenu secret ! Mylène ne fait décidément rien comme tout le monde ! Surexcité, j'envoie un SMS sans hésiter, mais malheureusement, je me trompe de numéro et l'envoie à Fun Radio. Je suis vert de rage. Deux jours plus tard, un ami a gagné deux places et m'invite à y aller avec lui. Il faut près de deux heures pour me réanimer après avoir reçu la nouvelle. J'apprends ensuite que beaucoup de mes amis fans seront aussi de la fête. Il semblerait que NRJ, ne voulant pas trop faire de dépenses, ait privilégié les fans parisiens !

Lundi 28 mars, 15 heures. Nous sommes 250 fans à attendre au lieu de rendez-vous, place Vauban à Paris. L'ambiance est tendue, car tout le monde ignore quel est le lieu secret où l'on va nous emmener. Mais en même temps, c'est aussi la rencontre de nombreux fans qui se connaissent par Internet et qui se voient pour la première fois. Cinq grands bus arrivent et nous y montons deux par deux, après un contrôle d'identité rigoureux. Quelques personnes se verront l'accès au bus refusée. Il faut dire que ceux qui ont voulu s'incruster n'imaginaient pas le niveau de sécurité ! Les personnes employées par Universal ne sont pas là pour être sympathiques, le décor est planté…

Les bus font un long trajet, passent deux fois devant le Louvre et puis s'arrêtent pendant une vingtaine de minutes, car nous sommes « trop en avance ». Bonjour l'organisation ! Vers 18 heures, nous arrivons devant le Palais Royal. Le lieu de l'écoute est le Théâtre du Palais, magnifique petite salle du XVIIIe siècle.

Avant de rentrer, nouveau contrôle d'identité. Ensuite, passage obligé au vestiaire. On doit tout laisser, montres, portables, sacs, vestes… Nous passons sous un portique façon aéroport et si ça bippe, c'est la fouille au corps. Vu la carrure des vigiles, je suis sûr que certains font exprès de conserver du métal sur eux… Après tout ce stress, un passage aux toilettes s'impose ! Nous rejoignons la salle, un magnifique théâtre aux couleurs rouge et or. Les fans sont tous dispersés mentalement, beaucoup sont pensifs et angoissés, mais quelques-uns se plaignent bruyamment de l'attente. On s'installe, moi je suis au rang F, donc assez près de la scène, sur l'extrémité d'une rangée. Le best-of *Les Mots* tourne en boucle… Pas moins de 8 vigiles font des allées et venues en nous observant. La scène est petite, un rideau noir cache le décor de la pièce – laquelle, je ne sais pas –, qui y est habituellement jouée. On attend, certains se plaignent encore (le fan de Mylène est rarement satisfait, il faut le savoir), d'autres chantent ou dorment.

Il est 18h15 quand la salle est plongée dans le noir et que la musique s'arrête… Et là, arrive ce que personne n'attendait… Mylène Farmer surgit d'un côté de la salle et grimpe sur la scène. Elle est très belle, de longues bottes noires qui lui arrivent jusqu'en haut des cuisses, un petit caleçon noir, la ceinture « Miam » que portait Alizée pendant la promotion de « Gourmandises », un pull noir, une petite veste, noire encore. Mylène très sobre et très classe. Elle est venue pour nous… Les larmes aux yeux, nous l'applaudissons pendant de longues minutes. Puis elle nous parle, à quelques mètres de nous. Elle est très émue, c'est un exercice difficile pour elle selon ses dires. Elle est heureuse qu'on soit là pour écouter son album en avant-première, juste après sa maison de disques, cet album qui lui a pris un an…

Elle nous remercie à nouveau, puis s'en va doucement, sur les premières notes d'« Avant que l'ombre… »

Nous nous rendons compte que les fameuses paroles qui circulaient depuis quelques jours sur les forums étaient bien les vraies. Les chansons sont parfois proches de celles des albums précédents, de longues ballades… Mais aussi des chansons beaucoup plus rythmées sur des musiques très électroniques. Des titres se détachent d'emblée, comme « QI » et « Porno Graphique » par leurs rythmes. Et « Avant que l'ombre… » magnifique chanson spirituelle. Mylène a une voix douce, beaucoup moins « trafiquée » qu'à l'habitude, plus naturelle. Les mauvaises langues comme moi diront aussi que pour une fois, sans avoir les paroles sous la main, on comprend plus aisément les paroles ! Nous sommes tous très calmes, recueillis, en extase. Il n'y a qu'au passage de « Fuck them all » que nous avons pu nous lâcher, en chantant plus fort que Mylène. Nous avons aussi beaucoup ri quand à la fin de « Porno Graphique », Mylène s'arrête et nous fait un « hum hum » façon « Méfie-toi » et puis « T'as pas un p'tit Mojito ? ». Mais tout le reste de l'album, c'est l'état de transe, beaucoup écoutent les yeux fermés…

Je n'assiste malheureusement pas à la fin de l'écoute car, pris d'une faim incroyable et frisant la crise d'hypoglycémie, je suis obligé de quitter la salle. Ou peut-être est-ce le départ du staff de Mylène de la salle qui m'a motivé pour tenter d'aller leur parler, je ne sais pas. En tout cas, tout le monde semble content et même en étant dans une autre salle, abandonné aux mains expertes des charmantes hôtesses, j'entends les applaudissements.

À notre sortie de la salle, nous repassons aux vestiaires pour prendre nos affaires et là, nouvelle surprise. À chacun de nous est remis un promo de luxe « Fuck them all » dédicacé personnellement (et pas pré-imprimé). Nous n'en revenons pas, c'est un magnifique cadeau… Mais ce n'est pas fini, nous recevons également une petite boîte rose « Mylène Farmer – Avant que l'ombre – Lundi 28 mars 2005 » avec à l'intérieur, un sushi, un macaron, un morceau de fromage et quelque chose recouvert de saumon. Rares sont les personnes qui mangent la nourriture, vue l'odeur qui s'en dégage. Champagne ou jus de fruit à volonté servis dans des coupes en plastique ornées d'un petit bandeau aux couleurs de l'album, serviettes en papier également dans les mêmes tons… Rien n'est laissé au hasard. À nos côtés, nous pouvons voir le manager de Mylène, Thierry Suc et le PDG d'Universal, Pascal Nègre, savourer le moment. Mylène n'est pas là, mais ça ne nous étonne pas, étant donné qu'elle ne se déplace même pas aux after shows après ses concerts.

Je rentre chez moi avec plein de souvenirs dans la tête et dans les mains. Pas évident de se trimballer dans Paris avec l'enveloppe « Fuck them all », au format assez encombrant. Mais la majorité d'entre nous sommes très heureux. Je ne prolonge pas la soirée, car j'ai envie de rentrer chez moi pour revivre en boucle ces moments… Cela dit, ce qui devait arriver arrive et le lendemain matin, certaines personnes ont déjà mis aux enchères sur Internet leurs petits cadeaux de la veille. Pathétique…

V

avril 2005

Les jours qui suivent, je ne parviens pas à m'enlever l'image de Mylène de la tête, ni toutes les musiques de l'album. Je ne pense qu'à ça. Je prends un grand plaisir à raconter ma soirée sur des forums et certains sites. Depuis peu, j'ai obtenu la nouvelle adresse de Mylène. Je ne compte pas m'y rendre tout de suite, mais ça me fait plaisir de l'avoir. Contrairement à l'ancienne adresse, qui était galvaudée et connue d'à peu près tous, très peu de gens connaissent les nouvelles coordonnées. L'adresse ne circule pas comme ça. Certains fans acceptent même d'avoir des rapports sexuels pour obtenir le renseignement. Et quand vous avez l'adresse, vous suscitez soudainement un grand intérêt, et vous avez subitement beaucoup d'amis. Le petit monstre que je suis s'amuse à donner une ancienne adresse.

Après quelques semaines sans nouvelle, Caroline Bee, rédactrice en chef du feu *Instant-Mag*, m'envoie un mail pour savoir si je souhaite rédiger un compte rendu de la pré-écoute pour le site de leur nouveau magazine *Mylène Farmer et vous*. Je m'exécute avec plaisir et pour me remercier, elle m'invite à la nuit « Mylène Farmer en Cinémascope au Max Linder ». C'est une tradition : depuis deux ou trois ans, la société éditrice des magazines *Instant-Mag* et *Mylène Farmer et vous*, Tear Prod, organise une grande nuit de projection de tous les clips et concerts de Mylène dans une grande salle de cinéma parisienne, le Max Linder Panorama. Je n'y suis jamais allé, mais tous les fans qui s'y sont rendus les années précédentes semblaient très satisfaits.

J'invite donc mon amie Julie à m'accompagner. Je sais que comme moi, elle admire énormément le travail de cette équipe, et je veux lui faire ce petit plaisir. Samedi 2 avril, nous nous retrouvons vers 19h00 et mangeons au Mac Do qui se trouve juste à côté du cinéma. On a d'ailleurs droit à deux titres de Mylène pendant le repas, « Rêver » et « Ainsi soit je… », pas mal ! Ensuite, petit passage dans un café proche, afin de rester éveillés. Le serveur, stéréotype du fan de Mylène, nous signale que nous sommes en plein dans « l'happy hour ». Je me laisse tenter par un petit Mojito… Le Mojito est la boisson citée, enfin plutôt réclamée par Mylène, à la fin de « Porno Graphique »… Cette soirée débute donc plutôt bien ! J'aime bien ce que je bois, mais je suis rapidement assez bourré ! Vers 23h30, nous nous rendons devant le cinéma. Caroline Bee m'a dit de venir au petit pot qui précède la projection. Julie et moi sommes très intimidés. À l'heure prévue, nous voyons effectivement un petit groupe de personnes rentrer, et Caroline vient nous accueillir pour nous faire rentrer. Julie est tout excitée à l'idée de voir une de ses idoles à ses côtés… On parle un peu, on discute, nous buvons aussi, et rapidement nous sommes complètement pompettes.

L'heure de la projection arrive, nous montons au premier étage avec Julie. La séance commence par le tout premier passage télévisé – mythique – de Mylène à « Champs Élysées » ; S'ensuit un mix de ses premiers passages télés, pour la plupart assez rares. Puis Katia, l'une des rédactrices du magazine, monte sur scène, non pas pour chanter mais pour nous donner le programme de la soirée : toute la carrière de Mylène… à l'envers. On commence par « Fuck them all » qui sur écran géant « nique sa mère » si je puis dire, puis le making-of du clip, inconnu de tous. Toute la nuit se succèdent passages TV, clips et extraits de concerts. Nous avons le droit à trois entractes, le troisième m'est fatal. Je suis un peu malade à cause du mélange madeleines, bonbons bananes et fraises Tagada à volonté. Dans mon estomac, ça ne fait pas bon ménage avec l'alcool, et ça se finit en vomi tout rose. Vers 6h00 du matin, et pour ceux qui sont restés, diffusion de l'album 24 heures avant sa sortie commerciale. Certains ne veulent pas écouter et s'en vont, d'autres restent, et une bonne partie ne bouge absolument pas, car profondément endormie dans les fauteuils ! Durant toute la diffusion de l'album, des photos en noir et blanc nous sont projetées, pour certaines assez trash... Nous sortons vers 7h30 avec Julie et d'autres amies fans et allons prendre notre petit-déjeuner dans un café non loin de là. Puis nous rentrons, chacun de notre côté, un exercice difficile pour moi qui aie le trajet le plus long et qui doit lutter contre le sommeil. Je suis vraiment aux anges, j'ai passé une soirée magnifique, et grâce à moi, Julie est heureuse...

Le mois d'avril est riche en actualité farmerienne. Des nouvelles photos inédites paraissent et les articles se multiplient mais je dois avouer que je ne les lis presque pas... ce sont juste les photos qui motivent mes achats. Contrairement à ses retours précédents, Mylène ne se déplace ni en radio, ni en télévision. Aucune promotion... Malheureusement, je n'ai que peu de temps à lui consacrer ces temps-ci, car j'ai beaucoup de travail en dehors...

avril 2005

Avec ma classe, j'ai participé à un concours régional, et nous avons créé une entreprise virtuelle. J'avais à ma charge le site Internet et quelques papiers administratifs. Le jour de la remise des prix, nous savons que nous serons dans les trois premiers, mais pas que nous gagnerons le premier prix. C'est un voyage à Londres de deux jours en Eurostar, tous frais payés. Je rêve de retourner à Londres, ville que j'adore. C'est un immense cadeau.

Ce sont les vacances de printemps, et je pense de nouveau plus souvent à Mylène. Je sors régulièrement sur Paris, notamment avec une amie rencontrée dès mes premiers jours de « squattage ». Un soir, nous avons envie de voir le « nouveau chez Mylène ». C'est une première pour moi, j'ai l'adresse bien sûr, mais je n'y suis jamais allé. C'est un endroit surprotégé dans une rue déserte et sans commerces. Des grilles entourent les résidences, où vivent d'autres célébrités – dont une des actrices les plus célèbres de France… Ici pas de touristes, pas de voiture toutes les cinq minutes, c'est très calme. En tout cas le quartier n'inspire pas la fête, on se croirait même dans un endroit où ne vivent que des retraités…

Nous allons au café à l'autre bout de la rue… Derrière nous, un homme qui ressemble à Dave à ses débuts (quoique Dave a la même tête qu'à ses débuts) s'assoit et cherche à se faire remarquer. Il parle très fort, se dit auteur-interprète, parle de Gérard Louvin, de son album… bref, un parasite !

Au bout d'une heure, une voiture arrive au loin. C'est celle de Laurent Boutonnat ! Mon cœur bat et s'affole, je me sens sortir de moi-même. Je sors en trombe du café, je marche vite, mais à mi-parcours, je m'arrête… non, je ne dois pas aller plus loin. Je retourne au café, je me sens mal. Nous ressortons, la voiture revient mais ne rentre pas dans la résidence, elle fait le tour du pâté de maison… Le chauffeur nous a sans doute repérés. De loin, j'aperçois Mylène assise à l'arrière. Je suis dégoûté, et mon amie aussi, d'avoir « replongé », alors que nous nous l'étions interdit. Nous partons alors un peu plus haut dans la rue pour acheter une rose. J'en prends une orange, je la trouve très belle. C'est pour une personne au tempérament de feu, me dit le vendeur. Nous achetons également une petite carte, sur laquelle nous écrivons à Mylène que nous sommes désolés pour aujourd'hui, qu'on ne l'importunera plus et que nous la remercions pour tout le bonheur qu'elle nous apporte. Nous confions le cadeau au gardien de la résidence, qui est très gentil avec nous, ce qui change radicalement du concierge d'avant ! En effet, pas de prise de tête, il est fort aimable avec nous, nous précisant bien que le squattage dans la rue ne le gêne pas, mais que l'intrusion dans la propriété pourrait entraîner de graves problèmes. Il a tout de suite compris que nous n'étions pas atteints à ce point. Je rentre apaisé…

Le lendemain, je retourne à Paris et je rencontre de nouveaux fans que je n'avais jamais vus auparavant. C'est une petite rencontre organisée par quelques-uns en moins de 24 heures sur un forum dont j'occupe la fonction d'administrateur. Il y a pas mal de monde. Cela va du fan de longue date qui squattait déjà devant chez Mylène quand je n'étais pas encore en âge d'épeler son prénom, à la nouvelle petite admiratrice toute jeune, en passant par la groupie « entre deux », ni excessive, ni effacée… Comme quoi les fans de Mylène ne sont pas tous des suicidaires gothiques ou des travestis. Je passe une très bonne journée, nous discutons beaucoup, et pas de Mylène justement. Nous n'allons pas non plus devant chez elle. C'est comme une thérapie pour moi. J'apprécie beaucoup le fan ex-squatteur, il m'apprend énormément de choses. Par exemple, des petites anecdotes sur Mylène, qui à un moment, avait fréquenté Charlotte Gainsbourg. Il m'a raconté qu'une fois Yvan Attal était venue chercher sa femme mais que, ne connaissant pas le code de l'entrée et n'arrivant pas à joindre son épouse, il a été obligé de se mettre sur le trottoir d'en face et de crier son prénom.

De mon côté, je lui apprends certaines anecdotes, notamment une qui le fait beaucoup rire à propos de Jeff Dahlgren[15] qui, au temps de mes premiers « squattages », était venu un dimanche, crâne rasé (quel dommage), voir Mylène. Cela dit, il n'était pas resté longtemps puisque, quelques minutes plus tard, il ressortait de l'appartement avec… une chaise ! Pourquoi ? Nous ne savons pas…

Jeudi 28 avril, ma mère vient me réveiller dans ma chambre. Une « dame » souhaite me parler au téléphone. Dans les vappes, je prends l'appareil. « Bonjour, je ne sais pas si je dois vous appeler Christophe ou Ange, c'est Amélie Nothomb à l'appareil. » Je suis complètement out, j'ai A-mé-lie No-thomb au téléphone, c'est énorme !

---

[15] L'Américain Jeff Dahlgren a joué le premier rôle dans le film *Giorgino* de Laurent Boutonnat (1994). Il a été très lié à Mylène et a été son guitariste sur les albums *Anamorphosée* et *Innamoramento*, et sur les tournées de 1996 et de 1999.

avril 2005

Pour une fois, je comprends d'où vient mon excitation corporelle du matin. Effectivement, au Salon du livre de mars dernier, je lui avais donné mon blog, « La vie d'un ange ». Elle m'appelle pour me dire qu'elle vient de le finir, qu'elle a été émue et touchée, et qu'elle veut prendre des nouvelles de moi, parler un peu. La conversation est brève, mais elle me demande de la tenir au courant. Amélie Nothomb, celle que j'admire tant, a ressenti des émotions en me lisant. Amélie Nothomb elle-même a posé les yeux sur ma vie ! C'est tellement fantastique... Dans la même journée, Caroline Bee de Tear Prod m'appelle pour me faire une « proposition » (de travail bien entendu) ! Toutes ces femmes dans la même journée... c'est fantastique !

VI

mai 2005

Je retrouve Caroline Bee et le directeur de mes magazines favoris, Jean-François Kowalski, dans un bar chic près de la gare Saint Lazare. Un détail amusant que je remarque, à chaque clope écrasée, un serveur moustachu accourt pour remplacer le cendrier. Dans les cafés où je vais habituellement, les mégots s'entassent au fil de la journée !

Caroline et Jean-François, qui connaissent mon blog sur Internet, me proposent d'en faire un livre à part entière, car ils sont en train de monter une structure éditoriale, K&B. Un vrai livre comme on en voit en librairies et que les gens vont pouvoir acheter. Le petit adulte que je suis voit bien sûr un de ses rêves se réaliser. Le monde de l'édition m'a toujours fortement attiré, je m'y oriente d'ailleurs en ce moment avec mon stage en librairie. Et puis, je sais bien au fond de moi que j'ai toujours rêvé d'être reconnu et aimé. C'est sans doute ce qui m'a poussé à vivre ma passion pour Mylène jusqu'au bout, en devenant un « squatteur du banc ». Là, on me propose de raconter mon cheminement, de partager mes joies et mes peines, mais aussi de montrer au public une Mylène beaucoup plus humaine et proche de ses fans qu'il n'y paraît. Je discute un bon moment avec Caroline et Jean-François, mais mon cœur est sous le choc. Dans le train qui me ramène chez moi, je suis chamboulé, mais surtout heureux. Recevoir une proposition comme celle-là, c'est à la fois énorme et flatteur. Désormais je ne ferai plus mon blog sur Internet et continuerai mon journal intime sous la forme d'un ouvrage…

De retour chez moi, je file immédiatement sur Internet pour fermer mon blog et là, je découvre que mes boîtes mails sont piratées et mes mots de passe changés. Quelqu'un a fait le travail avant moi : le contenu de mon site est effacé, remplacé par une image – une photo de Mylène datant de l'époque de son best of – et un texte : « Il est des histoires dont on ne souhaite pas être le héros. Rends-lui service, oublie-la, tu ne pourras pas lui faire plus beau cadeau. Tu es la honte des fans de Mylène Farmer, voilà comment on se débarrasse des abrutis. » La phrase fait référence à la bande-annonce du film *Giorgino* en 1994, qui disait « Il est certaines histoires dont personne ne souhaite être le héros. » Une fois de plus, je paye la jalousie et la méchanceté gratuite de certains fans, toujours les mêmes. Dans le clan des ultras, il faut savoir qu'il existe un petit groupe de personnes que le fait de traquer Mylène a sans doute rendues dingues. Persuadés qu'ils devraient être les amis intimes de la chanteuse vu tout le temps qu'ils lui consacrent, ils finissent par cultiver la haine et la rancœur à son égard, mais aussi envers tous les fans. Même si ma démarche est extrême, je ne me suis jamais fait d'illusion sur le fait que je serai un jour proche de Mylène. Plus tard dans la soirée, je dois aussi parler à mes parents du projet de livre, chose que j'imaginais très mal, mais qui se passe plutôt bien, trop bien même. Pas d'excitation particulière, ni de « hooooo » ou « haaaa ». Les parents de nos jours…

Quelques jours plus tard, je finis de lire mon magazine *Mylène Farmer et vous*. En lisant l'article sur le dernier album de Mylène, je me rends compte d'une chose, c'est qu'il contient beaucoup moins de références littéraires que les précédents. Ce qui ne m'empêche pas de trouver moi-même des parallèles. Par exemple, quand « Fuck them all » est sorti, je lisais le *Da Vinci Code*, et pour moi, la chanson avait un rapport avec le livre ! Puis en voyant la pochette de l'album, et plus précisément le collier en forme de croix fait avec des allumettes que

Mylène porte à son cou – je me suis confectionné le même ! –, je voyais encore un rapport entre Mylène et ce best-seller !

Le dernier samedi du mois de mai est aussi mon dernier jour de vacances. Dimanche, je travaille dans un fast-food près de chez moi. Comme bon nombre d'étudiants, j'ai pris un emploi à temps partiel et mon choix s'est porté sur ce restaurant car l'une de mes meilleures amies au lycée y travaille. Aujourd'hui, je retrouve Hervé, le fan qui m'avait accompagné à l'abbaye de Mériel pour le pèlerinage « Je te rends ton amour » et que j'avais un peu perdu de vue. Je le rejoins au premier wagon du RER, comme nous le faisions il y a quelques mois. Petit passage obligé devant notre ancien « banc »... Un an et demi de souvenirs pour moi, le double pour lui.... Puis nous allons boire un café, au bout de la rue du « nouveau chez Mylène », donc assez loin. Quelques heures plus tard, d'autres fans nous ont rejoints et les discussions vont bon train. On se remémore nos souvenirs de guerre, comme à chaque fois qu'on se voit. Chaque rencontre avec Mylène, mais surtout chaque fois où on a cru la voir, que l'un de nous prédisait sa venue, ce qui forçait les autres à attendre, mais Mylène ne pointait pas le bout de son nez ! Puis aussi toutes les rencontres qu'on a faites, les gens que l'on continue à revoir et ceux que nous avons perdus de vue…

Vient le temps de partir, nous remontons le long de la rue puis passons sur le trottoir, face à la porte de la « résidence ». Il fait bon… Nos pas ralentissent, on aimerait ne plus bouger jusqu'à ce qu'elle apparaisse. Nous décidons de rester un peu, « pour voir », on ne sait jamais. On est bien ensemble, on délire bien… Arrivent l'ombre du soir, et la faim… On se prend deux pizzas, pour cinq personnes et un chien, c'est correct, et on mange devant chez Mylène, une première pour moi ! On pourrait avoir honte de manger là, mais non, on est ensemble, entre amis. À chaque taxi qui ralentit, on sursaute et on s'urine dessus ! Les quelques rares passants qu'on croise, malgré le quartier, ne nous regardent pas de haut mais rigolent avec nous. Ce soir-là, j'ai l'impression d'avoir retrouvé ma « famille ». Même si Mylène ne vient pas et qu'on part sans l'avoir vue, on est heureux… Ce jour-là, samedi 29 mai, j'apprendrai que des fans l'ont vue partir plus tôt dans la journée. Or c'est le jour de la Fête des mères ! Et d'habitude, toujours à cette date, la maman de Mylène venait voir sa fille. Par conséquent, certains fins limiers en ont conclu que Mylène était aller visiter sa maman pour lui souhaiter plein de bonnes choses.

J'arrive très tard chez moi et je vais chatter entre fans. Là, je fais face à quelqu'un qui visiblement ne m'aime pas, sait tout de moi et me déteste… Quelqu'un que j'aurais croisé devant chez Mylène et que j'aurais apparemment blessé… mais bon, j'ai l'habitude. Dès que Mylène est devenue célèbre, il y a toujours eu du monde en bas de chez elle, y compris aux deux adresses qui ont précédé celle que j'ai connue. En vingt ans de « squattage », il n'y a jamais eu grand-chose qui filtrait. J'ai été un des premiers fans à rendre publique la façon dont les fans et Mylène se comportaient… Parce que les gens s'imaginent toujours un tas de choses et je voulais partager ma vérité. Mais ça ne plaît pas à tout le monde.

L'heure tardive me donne aussi envie de pousser une petite gueulante sur la façon dont les médias nous présentent, nous les fans. Les fans du « banc » forment un véritable microcosme. Nous ne sommes pas tous des homosexuels dépressifs qui dépensons des mille et des cents pour leur idole. Nous sommes différents, avec des caractères bien tranchés. Comme dans toutes les communautés, nous avons nos embrouilles et nos prises de tête. Ce n'est finalement pas bien important. Le problème, c'est que tant qu'on reste « fan de Mylène », on doit tous se traîner notre « histoire de fan », qui est parfois lourde de frustrations et de douleurs. Parce qu'attendre désespérément quelqu'un dont on n'aura qu'une signature, au mieux un baiser furtif, n'est pas facile à vivre… Surtout quand on ne vit que pour ça… Parfois, j'envie les gens qui sont fans de Mylène et qui ne connaissent pas son adresse personnelle. Enfin… il est trois heures du matin passées et je pense qu'il faut que j'aille me coucher avant de partir en analyse psychologique du fan de Mylène et de son évolution.

Les cours sont désormais terminés. Je suis en stage à partir de lundi à temps complet dans la librairie dont j'ai déjà parlée. Je devrais être heureux, mais je ne le suis pas totalement. En 6 semaines, je dois faire pas moins de 35 heures par semaine en librairie, auxquelles s'ajoutent 15 heures hebdomadaires en restauration rapide. Pour un jeune homme comme moi, le cumul des deux – près de 50 heures de travail – est très difficile. Cela fait bientôt un mois que je travaille dans la restauration rapide maintenant. Je suis très fatigué et très engraissé en raison de cinq repas de « junk food » par jour. Le point positif, c'est l'argent à la fin du mois, même si j'ai tendance à tout dépenser avant de recevoir. Et puis il y a une bonne ambiance, je ne pars jamais triste au travail.

Ces jours-ci, on me rapporte une histoire du « nouveau chez Mylène ». La première fois que j'y suis allé, il y avait trois fans connus pour leur comportement excessif. Ce sont de vrais « stalkers » comme on appelle ces fans qui traquent sans cesse leur idole. Parmi eux, une jeune fille peu appréciée de la communauté et le fan « aux ongles jaunes »… C'est un « personnage » très spécial, entre 40 et 50 ans, un habitué du banc entre autres. Il est toujours là, écoute tout ce qu'on dit avec attention sans parler beaucoup. Nous l'appelons « ongles jaunes » en raison de sa manucure très approximative. Je ne sais pas si ça a un rapport, mais à chaque fois qu'il était parmi nous, Mylène n'est jamais sortie de la voiture ! Le lendemain du jour où je suis allé chez Mylène, « ongles jaunes » et ses acolytes ont réussi à s'introduire dans la propriété et à se cacher derrière les arbres. L'une des fans s'est approchée de la maison de Mylène, mais d'un peu trop près. Apparemment, l'ami de Mylène, monsieur B., est sorti et a demandé à la fan pourquoi elle se promenait si près de la maison. Elle a répondu qu'elle avait perdu son chien dans son jardin. Là, Mylène a débarqué en demandant ce qui se passait à monsieur B., lequel scrutait gentiment l'horizon à la recherche du toutou perdu. Dès que la fan a aperçu Mylène, elle s'est précipité sur elle en lui criant qu'elle était une de ses admiratrices. Apeurée, Mylène a vite tourné les talons et s'est enfermée chez elle. Quand les trois fans sont repartis, ils ont été chopés par les vigiles et ont fini au poste. Cette histoire rocambolesque semble être *a priori* réelle puisqu'une vidéo aurait été faite par « ongles jaunes » depuis sa cachette. Moi, elle ne m'étonne pas, hélas. Visiblement, ils ont réitéré la semaine suivante… Depuis, certains fans n'osent plus aller « squatter » là-bas, même sans volonté de s'introduire dans la résidence, par peur d'être attrapés.

En y réfléchissant bien, moi je suis très déçu par Mylène en ce moment, enfin par son œuvre, je veux dire, moi qui l'ai toujours admirée sans compter. Je viens de voir le promo de son nouveau single, « QI », que je trouve hideux. J'ai sans doute beaucoup idéalisé son retour, et il ne s'est pas passé comme je l'attendais. Aucune promotion, elle abuse vraiment. Sa présence à la télévision me manque terriblement, les articles qui sortent sont inintéressants puisque faits sans elle. Aucune interview, rien. À tel point que des gens qui ne connaissent la chanteuse que de loin me demandent souvent : « Alors Mylène, elle ne fait plus rien, on ne l'entend plus ! » En plein retour, ça craint quand même beaucoup. Moi, je n'ose même plus répondre. L'album

Avant que l'ombre... ne semble pas faire un carton, et mises à part quelques bonnes critiques lors de sa sortie – dont celle du *Monde*, qui n'avait pas habitué la chanteuse à des gentillesses – tout le monde s'en fout un peu.

Ma première semaine de stage en librairie s'est écoulée. Travaux de comptabilité et de gestion, création d'une affichette publicitaire pour l'organisation d'une rencontre avec un auteur, réorganisation du sous-sol ou plutôt fouille archéologique dans un bureau où cinq années de paperasse s'étaient empilées... Bref, des travaux assez éprouvants. Puis le soir, restauration rapide. Je suis exténué, je ne vais sur Internet que trois soirs par semaine. Je suis complètement largué par rapport à l'actualité de Mylène, que je vivais en temps « réel » il y a peu. De toute façon, question actualité, c'est plutôt temps mort. Demain, c'est mon jour de repos et j'entends bien m'amuser. Je vais à Disneyland avec, pour une fois, non pas une armada de fans de Mylène, mais mes deux meilleurs amis, Rémi et Christelle, qui étaient en BTS avec moi. Lui travaille en stage dans une boutique de guitare, elle dans un magasin de vêtements et de skate. Je les appelle mes deux meilleurs amis, c'est marrant, car tout au long de l'année, ils ont été des amis mais là, en écrivant j'ai éprouvé le besoin de rajouter l'adjectif « meilleurs ». Bref, je passe une journée merveilleuse, loin de tout, dans un monde féerique que j'aime beaucoup. Je ris, je suis heureux avec eux. Je suis crevé en rentrant, mais tellement bien… J'ai aussi des échos du fan aux ongles jaunes. Décidément, il est en forme en ce moment. Il a recommencé, il s'est à nouveau introduit dans la propriété de Mylène pour sonner à sa porte. Franchement, ce genre de personnes nous « salissent ». Mylène s'en fout des gens qui squattent devant chez elle pour se faire dédicacer ou avoir un bisou. Mais les autres sont gratinés. Je me souviens encore de soirées où Mylène était en vacances et ne rentrait donc pas. Ongles jaunes rôdait dans la rue jusqu'à ce qu'on parte et dès que nous n'étions plus dans son champ de vision et qu'il faisait bien nuit, il ouvrait la porte de l'immeuble et allait dormir sur le palier de Mylène. Ou encore la fois où nous étions tous en bas après avoir eu une dédicace de Mylène et où il est arrivé. Quand nous lui avons dit qu'à cinq minutes près il l'avait ratée, il est rentré dans une colère noire et a tenté de monter taper à sa porte. Heureusement, il a été empêché par quelques fans et le concierge. Que de souvenirs et pas des meilleurs… Quant au « vieux fan barbu », le mystérieux personnage qui avait interdiction de s'approcher de Mylène, on le voit toujours rôder en voiture en bas du nouveau domicile, avec sa paire de jumelles. On le préfère quand même nettement à ongles jaunes.

Deuxième semaine de stage, je commence à m'habituer au rythme infernal de mes journées. Je prends mon shoot avec le magazine *Mylène Farmer et vous* où, comme il était prévu, deux pages sont consacrées à mon expérience, avec des extraits de mon blog. J'ai les larmes aux yeux en le lisant. Au resto où je bosse, je commets l'erreur de parler de Mylène et de mon fanatisme. Déjà, quand certains entendent « Mylène Farmer », ça les fait sourire, mais quand je dis que je passe du temps à l'attendre devant son domicile, je vous épargne la suite. J'aurais sans doute fait pareil à leur place, mais moi je sais ce que c'est d'être fan. Et je sais que parfois, ce n'est pas un cadeau, je ne l'ai pas choisi. Dans un sens, je l'assume mais bon, parfois c'est dur quand quelqu'un se fout de votre gueule. Et qu'il ignore les heures de traque, le ventre en bouillie, la dépendance que c'est de la voir, de la toucher. Merde ! C'était mon coup de gueule du soir. Demain, c'est mon jour de repos et je dors !

Le lendemain, personne à la maison, tout le monde est parti jusqu'au soir. Après une levée de lit digne de

Louis XIV dans ses mauvais jours, je m'habille pour aller chercher un DVD à louer. Un titre me fait réagir dans la liste, *Saint Ange*[16], avec Virginie Ledoyen. Lors de la promo du film, le réalisateur disait avoir été inspiré par le *Giorgino* de Boutonnat. Je rentre à la maison et commence à visionner. Atmosphère sombre et envoûtante, mystère constant. En fait, on retrouve totalement l'ambiance de *Giorgino*, du début à la fin. La disparition des enfants, le personnage de femme-enfant interprété par Lou Doillon, etc. L'avantage est que *Saint Ange* est beaucoup plus facile d'accès, tout en restant indépendant. En conclusion, j'apprécie beaucoup.

La fin du mois est encore placée sous le signe du boulot. Mon stage en librairie se passe plutôt bien, même si j'ai de plus en plus de moments de creux. J'ai de quoi lire autour de moi. Et puis c'est marrant de regarder et d'écouter, de voir ce que les gens achètent. C'est d'ailleurs déroutant parfois, car on n'imagine pas le nombre d'hommes d'une trentaine d'années au look très classique s'intéresser à des ouvrages de science-fiction pour gamins pré-pubères, ou tous ces jeunes qui se ruent vers Laclos et Sade…

---

[16] *Saint Ange*, film fantastique de Pascal Laugier (2004), disponible en DVD.

Au fast-food, j'ai terminé mon premier mois d'essai et j'avoue que j'y suis très bien. Pour le moment, je suis à l'arrière, aux cuisines, et pas encore en caisse. Le travail est monotone sur une longue durée, mais l'ambiance est bonne. J'apprends à connaître mes collègues, dont la plupart sont sympas et intéressants. Je découvre qu'une des caissières est également fan de Mylène, ce qui me permet de lui raconter mes petites anecdotes. Un vendredi soir, je finis à 23 heures et je reste à discuter avec Émilie, une fille qui travaille avec moi, pendant une heure et demi, à la terrasse du restaurant. Sans faire attention, on se confie beaucoup de choses. Je suis sûre qu'elle deviendra une amie proche et j'avais envie de raconter ce passage.

VII *juin 2005*

Dimanche 5 juin, nous avons prévu un pique-nique entre fans, organisé sur un forum. Je suis motivé. Ça fait bien longtemps que je n'ai pas retrouvé les miens. Je rejoins mon amie Patsy et après un petit tour à la supérette pour acheter chips et sandwiches, on rejoint le lieu du rendez-vous, au château de Vincennes... Très vite, on se retrouve pas moins d'une dizaine. J'en connais certains, il y en a d'autres en revanche que je n'ai jamais vus. On fait les présentations et on part dans le Bois, où nous installons une grande nappe et notre nourriture. Très bonne ambiance, on rigole, on délire, on parle de Mylène bien évidemment. On fait quelques chorégraphies, on chante... L'alcool nous désinhibe peu à peu et rapidement, on dévie beaucoup sur le sexe. En même temps, on est tous fans de la plus grande libertine de l'histoire de la chanson française ! Parmi cette dizaine de fans présents, on trouve de grands écarts d'âge, parfois 20 ans. Les gens viennent de toutes les régions et certains ont fait le déplacement exprès. Mais on a la même passion. À la fin de la journée, nous sommes sous l'effet de l'alcool et du soleil, qui nous a prodigué couleurs et maux… Nous en profitons pour aller faire une petite escapade devant chez Mylène, mais elle est absente. Pas grave, cette journée a été géniale et c'est aussi un peu grâce à elle ! J'ai aussi remarqué une petite fan très mignonne qui me plaît beaucoup… Je me suis juré de ne plus jamais sortir avec une fan, mais je ne suis pas de bois !

Quelques jours après, je passe une super soirée avec Rémi et Christelle. Je les emmène au fast-food où je travaille. On s'empiffre à mort en faisant les cons et puis on finit dans un bar assez loin mais très sympathique. Ambiance asiatique, musique pas trop forte. On se saoûle aux cocktails, on discute bien, on parlera même de « Princesse » (Princesse est le pseudo sur Internet de mon aventure du 31 décembre 2003, oui je sais, ça date…). Au petit matin, on repart chez nous sur fond de Mylène, le live 96. C'est ça les amis, ça se force à écouter votre musique pour faire plaisir ! En rentrant, je me dis que j'ai été con. Pendant plus d'un an, je n'ai pas profité des gens qui m'entouraient, dans ma classe et dans ma ville. Même si j'ai passé des moments merveilleux avec ma communauté de fans, j'ai eu tendance à faire le vide autour de moi. J'ai l'impression d'avoir raté quelque chose. Il faut que ça change. J'en ai assez d'être enfermé.

juin 2005

Le vendredi qui suit, je passe une journée atroce. Aucun problème à la librairie, surtout que nous avons une nouvelle stagiaire très mignonne. Dommage que je sois autant dans mon bureau et si rarement dans la boutique. Mais au fast-food c'est affreux, ça hurle dans les cuisines et je m'en prends plein les dents. Je me retrouve ensuite en salle, activité que j'apprécie d'ordinaire. Mais là, rien n'est fait, les tables sont dégueulasses et les poubelles remplies à ras bord, avec en sus une pile de plateaux aussi grande que moi. Je suis découragé. Une fois le travail fini, je retrouve Émilie, ma « collègue » que j'ai rencontrée la semaine dernière. Elle finit à la même heure que moi, mais ça je le sais, parce que j'ai déjà regardé ses horaires. Contrairement à la dernière fois, je me change avant de sortir du boulot pour présenter mieux, pour elle… On passe la soirée ensemble et même si ce n'est que notre deuxième rendez-vous, je l'apprécie déjà énormément, aussi bien physiquement que mentalement. J'ai des gestes tendres envers elle, et je mentirais si je disais que je ne pense pas à aller plus loin. Mais bon, elle a déjà un copain… et puis c'est tout. Je lui propose aussi de venir passer du temps chez moi cet été. Mes parents ne sont pas là et elle est capable de supporter du Mylène nuit et jour… En fait, j'ai une envie folle de la « convertir » à

Mylène. Comme quoi la « maladie » rôde toujours. Pour moi, le fait qu'elle apprécie Mylène n'est pas assez, je veux qu'elle devienne fan, je m'impose sa conversion en espérant que contrairement à moi, elle évitera les mauvaises contaminations…

Nouvelle de la semaine à la librairie ! Le représentant que j'attends fébrilement, celui d'Albin Michel, passe nous voir et nous fait la présentation, entre autres, du livre que j'attends depuis un an, le nouveau Amélie Nothomb, *Acide sulfurique* ! J'ai la chance de pouvoir le lire en avant-première et je trouve le contenu magnifique (pas comme la couverture), avec un univers plus proche que jamais de celui de Mylène.

Durant toute la semaine, je me rends compte que je pense beaucoup à ma « collègue » Émilie. C'est fou à quel point je me suis attaché à elle. Je meurs d'envie de la voir, et le pire, c'est que je n'ai même pas son numéro de téléphone ni son contact sur Internet. Pendant ma journée de repos, je sais qu'elle travaille au fast-food. Je ne sais pas comment faire, alors je propose à une amie d'y prendre une glace et d'aller au cinéma après. Une fois arrivé au fast-food, je vois Émilie. À peine lui ai-je dicté ma courte commande (une glace pour moi et mon amie) qu'elle sort un bout de papier et me demande mon numéro et mon adresse MSN. Tout ce que je désirais sans oser lui demander. Voilà, c'est fait. Je vais au cinéma le cœur léger avec mon amie, nous voyons *Star Wars, épisode III*, un chef d'œuvre, le meilleur de tous. Pendant toute la projection, j'ai l'œil rivé sur mon portable à attendre un mot d'Émilie. Mon amie me demande si je suis amoureux, je réponds par la négative… Pourtant, une fois la projection terminée, je lui demande si elle veut bien me déposer au parking du resto au cas où elle serait encore là… Là-bas, je la croise en voiture. Elle s'en va, quelle déception. Du coup, nous restons avec les autres, il y a une bonne entente et je ne me sens pas rejeté, même si je ne les connais pas tous très bien. Il est déjà 2 heures du matin et Émilie ne m'a toujours pas envoyé de texto. Je vais me coucher, car demain, je me lève tôt pour repartir en librairie.

En dehors de ça, l'été arrive, on commence à parler vacances, projets… Il y a quelques mois, si j'avais eu un salaire, j'aurais tout de suite été le dépenser « pour » Mylène, pour acheter tous les supports et dépenser des fortunes en objets rares. Mais la guérison me semble proche. Sans trop me forcer, je préfère dépenser pour mes amis, et surtout pour moi. Cet été, je prévois des soirées dehors ou chez moi, des sorties en boîtes, en pub, l'achat de vêtements. C'est comme si j'avais fait un énorme travail sur moi, et sans doute que la rédaction du livre que je suis en train d'écrire m'aide beaucoup. J'aime toujours autant Mylène, mais contrairement à avant, j'ai une vie sociale et professionnelle qui se construit de plus en plus et qui prend de l'importance à mes yeux. Je commence même à avoir de la compassion pour certains fans excessifs. Peut-être qu'ils n'ont « que » Mylène, ou du moins en ont-ils l'impression. J'étais comme ça il y a peu. Mylène doit combler un vide dans une vie. Elle était tout pour moi, mais maintenant « Je » passe devant… Avec Émilie, les choses se compliquent quand un soir, après le travail, on reste avec les autres pour continuer la soirée. On commence à danser un peu sur Mylène. Je l'initie aux chorégraphies, « Désenchantée », « C'est une belle journée » et surtout « California » version passage télé chez Foucault[17], seuls les fans comprendront ! Émilie a une façon spéciale de danser, j'aime bien. Mais elle ne peut malheureusement pas rester et au moment de nous quitter, j'essaie de

---

[17] Lors de ce passage télé pour la promotion du titre « California », Mylène apparaissait en jupe très courte dansant extrêmement lascivement avec l'un de ses danseurs, dont les mains étaient très baladeuses !

l'embrasser sur la bouche, un petit smack. Elle refuse. Je suis un peu tendu.

Effectivement, le lendemain, une petite ambiance de malaise s'installe entre elle et moi. Nous nous croisons, mais elle est distante, je ne sais pas. Je lui envoie un texto pour « savoir », pour lui dire, pour m'excuser. Elle me répond après un long moment et me demande de la rejoindre le lendemain à 23 heures pour parler… J'ai envie de lui apporter ce que j'ai écrit sur elle pour le livre, qu'elle voit ce que je pense d'elle… je vais le faire.

Le lendemain, 1h07 seulement ! J'ai l'impression de rentrer super tôt ! J'ai parlé longuement avec Émilie, je lui ai montré des extraits de mon journal qui la concernaient. Visiblement, ça lui a fait plaisir puisque j'ai eu droit à un gros câlin et un bisou. Elle m'a avoué être amoureuse d'un garçon et quand j'ai su qui c'était, j'ai été heureux pour elle. Je suis touché qu'elle se soit confiée à moi, c'est vraiment une fille bien. C'est mon coup de cœur, ma petite protégée du moment… Les jours suivants, c'est un rituel, nous restons tous ensemble en terrasse après le travail. Chaque jour, j'apprends à connaître mes collègues. On parle même de Mylène et je découvre encore un admirateur de la chanteuse parmi eux !

FOU DE MYLENE FARMER

Mardi 21 juin, Fête de la Musique. Depuis quelques jours, c'est « LA » rumeur qui court. Mylène doit faire son retour à la télévision dans l'émission de Daniela Lumbroso sur France 2. J'ai obtenu des places VIP pour l'émission, par des moyens compliqués que je n'expliquerai pas ici. Dès que je sors de la librairie, j'embarque Rémi et Christelle, et nous sautons dans le train, direction Versailles. Arrivés au château, tous les invités VIP sont là, un petit millier de personnes qui se trouvent juste en bas de la scène, dans la cour principale du bâtiment. Le public est quant à lui beaucoup plus loin, derrière les grilles, des centaines de milliers de personnes. Après la fouille obligatoire des sacs, j'entre dans la cour et là, je ne vois quasiment que des fans de Mylène partout ! Ils sont tous venus pour fêter le retour de l'idole ! Que des têtes que je connais, des gens que j'ai côtoyés, vus, aperçus en bas de chez Mylène, des fans habitués aux prestations télévisuelles de l'artiste. Je n'en oublie pas mes deux meilleurs amis et le spectacle commence… pour notre plus grand malheur. Un ramassis de chanteuses « bas de gamme », populaires pour une catégorie de personnes mais qui n'est pas la mienne. Quelques personnes relèvent le niveau, comme Zazie, qui me surprend agréablement et qui chante en direct, sans prompteur…

juin 2005

Au fur et à mesure de l'émission, la tension monte. Mylène n'arrive pas et certains commencent à s'énerver et à lancer des insultes à l'animatrice. À chaque moment de calme ou d'interview, toute la cour hurle « Mylène », mais rien ne vient. Quand Lumbroso annonce « la » surprise tant attendue, le délire revient… mais ce n'est qu'un feu d'artifice, copieusement hué par tous les fans. Vers minuit, on se rend à l'évidence, Mylène ne viendra pas. Entre temps, j'ai reçu des nouvelles par texto de « squatteurs » qui m'informaient que la chanteuse était chez elle… Certains fans pleurent, d'autres s'en vont, complètement blasés. Moi, je reste un peu à l'écart, assis dans la foule, pour respirer un peu. Je me lève peu après car j'ai besoin d'aller retrouver Julie, ma « bulle », ma petite fan du Max Linder, mais nous parlons peu et je la laisse assez vite pour rejoindre mes amis. J'apprécie quand même certains moments, comme la reprise de « What a feelin » qui nous fait tous danser, Matt Pokora – même si je n'aime pas l'artiste, je dois avouer qu'il a su mettre de l'ambiance et a fait une reprise très juste d'une chanson de Beyoncé – puis Indra, une chanteuse des années 90 qui assure un retour « kyliminoguisé » à mort. Sur ces dernières performances, nous partons, transports à la traîne, grève surprise à la SNCF (comme d'habitude). J'arrive chez moi à 4 heures du matin, épuisé et attristé.

Le lendemain, c'est l'apocalypse parmi les fans. Certains n'hésitent pas à proférer des insultes et des menaces à l'encontre de la présentatrice de l'émission, Daniela Lumbroso, par téléphone et sur sa boîte mail. Je suis outré. Comment peut-on accuser une présentatrice si une chanteuse n'est pas venue ? Moi, j'ai trouvé que Daniela avait assuré une émission de 4 heures en direct. Elle a été impeccable et j'ai mal pour elle. Toute la journée, je suis dans les choux, je dors à la librairie, puis au fast-food. Ça ne m'empêche pas d'attendre ma petite « bichoune » Émilie. On passe du temps ensemble, confession et affection, des moments comme on en veut indéfiniment. Puis elle me quitte, casting de danse le lendemain oblige. Les autres ont fini le travail et me rejoignent, on discute et on rigole, comme d'habitude. Il est 2h15 du matin, j'ai deux nuits blanches à rattraper…

Samedi 25 juin, dernier jour de stage en librairie, qui se finit en beauté. Ma « chef » me propose de continuer à venir m'occuper de la comptabilité de temps en temps et contre rémunération, les « chèques emplois services ». Pas mal pour un gamin de 19 ans en qui peu de gens croyaient… Ce dernier jour de stage est aussi marqué par une bonne conversation entre les gens de la librairie et moi sur un sujet que j'aime tant : Mylène.

juin 2005

Ils sont étonnés de m'entendre parler de mon idole différemment. En ce moment, j'ai du mal… Mylène est et restera pour moi une immense chanteuse, j'écoute avec plaisir ces chansons mais là, quelque chose s'est brisé depuis son retour. Son premier single m'a déçu, le clip aussi, l'album également, sans compter l'absence totale de l'artiste dans les médias. Aucune interview, aucun passage TV et des prestations événementielles comme la Fête de la musique visiblement annulées au dernier moment. C'est comme si Mylène mourrait artistiquement… qu'elle faisait le combat de trop. J'espère de tout cœur qu'elle saura rebondir, elle me manque tellement…

Le soir, je pars au travail et ce n'est pas rose. Émilie ne va pas bien, sa « love story » lui fait plus de mal que de bien et ce n'est pas le top non plus professionnellement. Étant son « confident », je fais partie de ses problèmes et j'en subis les conséquences. Heureusement, un de mes collègues me fait bien rigoler car il m'appelle « Mylène » et me demande souvent : « C'est quand qu'on va devant chez Mylène ? » Ça l'amuse beaucoup, il aime bien me taquiner là-dessus. Cela me permet aussi de parler de Mylène et de mon vécu avec humour et dérision.

Lundi 27 juin, c'est le grand jour : je pars à Londres, suite au concours que ma classe a gagné quelques mois plus tôt. La veille, je suis au fast-food et je reste avec mes collègues. C'est à 3 heures du matin que je me retrouve dans mon lit pour me réveiller une heure plus tard. Départ pour Londres.

Londres, c'est une ville pleine d'Anglais, je vous jure. Ils sont très étranges, les garçons ont pour la plupart un style de gays, beaucoup de hauts roses, etc. Les filles, quel que soit leur physique, arborent mini-jupes et décolletés plongeants, pour ne pas dire que les Anglaises sont des cochonnes... Visites rapides et moments de liberté, qui nous conduisent dans le quartier chinois, puis dans le quartier gay, Soho, l'équivalent de notre Marais parisien. Boutiques kitsch et sex-shops un peu partout. Je pars même à la recherche de Mylène, mais les albums coûtent excessivement cher. Ni Mylène ni Alizée (qui avait fait un tube là-bas avec « Moi... Lolita ») ne sont mises en avant. Elles sont cachées dans le rayon « chanson française » au fond du magasin, et le vendeur ne les connaît pas du tout. Le soir, on se retrouve à l'hôtel, une auberge de jeunesse assez classe et stylée, plusieurs salles, un bar avec mini-boîte, malheureusement très mal peuplée. Ce qui ne nous empêche pas d'ingurgiter plusieurs bières et cocktails.

juin 2005

Le lendemain, c'est à nouvau visite et quartier libre. On s'ennuie un peu. Londres, c'est beau, mais légèrement chiant. Heureusement, je ne suis pas trop dépaysé, car le midi on va manger dans un fast-food, où il me faut une bonne heure avant qu'ils acceptent de me faire une réduction puisque je travaille à la même enseigne ! Dans le train du retour, je suis assez pressé de rentrer… Ces deux jours étaient sympas mais un peu décevants. Avant de rentrer, je passe à « mon » fast-food en tant que client, histoire de déguster un bon milk-shake bien de chez nous !

En rentrant, c'est le drame, je passe dans la chambre de mon petit frère et j'entends les premières notes de « QI ». J'avais complètement oublié que le clip de Mylène devait passer ! Je rentre et regarde la vidéo, avec étonnement. Un clip court, sans histoire, sans profondeur à mon sens… Une nouvelle déception pour moi. J'attendais beaucoup de ce clip, « QI » étant ma chanson favorite. C'est fatigué et quand même heureux du voyage, mais déçu par Mylène (une fois de plus) que je m'en vais hiberner quelques longues heures. J'ai l'impression, au fond de moi, que ce mois de juin 2005 a sonné comme une sorte de divorce entre Mylène et moi… Je suis triste, mais soulagé aussi.

VIII *juillet 2005*

Samedi 2 juillet, mes parents sont partis avec mon frère pour quelques jours, j'ai reçu ma paye, et j'ai fini de travailler… J'invite une charmante jeune fille à me tenir compagnie, la fan que j'ai rencontrée au pique-nique à Vincennes le mois dernier. Elle s'appelle Nathalie et me plaît déjà beaucoup, elle est magnifique, grande, brune aux cheveux très longs. Nous nous retrouvons en fin d'après-midi, on va manger là où je travaille, et puis retour à la maison. Là, pas de DVD de clips de Mylène ou de ses concerts… on se fait un film d'horreur, qui lui fait d'ailleurs très peur et lui permet de se rapprocher de moi. Ensuite, je lui mets un autre film, mais là, nous nous rapprochons tellement que nous délaissons l'écran de télévision pour aller se « rapprocher » encore plus, sur fond du nouvel album de Mylène. Nous passons une nuit magnifique (que les esprits tordus se calment, il n'y a pas eu d'immersion de ma part en elle). Le lendemain, nous allons au fast-food pour prendre notre petit déjeuner, puis retour au lit pour dormir un peu. Nous nous quittons et je regagne mon travail. Serais-je en train de tomber amoureux ?

Peut-être.

Ces jours-ci, je me fais une petite dépense en achetant mon *Mylène Farmer et vous* du mois, que je survole. Une page me touche profondément, c'est le récit d'un fan que j'ai connu et qui raconte sa rencontre avec Mylène. Le lire me rappelle des souvenirs, et je verse quelques larmes. En plus du nouveau numéro, *Mylène Farmer et vous* sort son hors série d'été. Format géant, photos magnifiques et interviews de qualité, pour un petit prix, j'adhère ! Ce que j'aime dans ce genre de magazine, c'est que même quand Mylène ne fait rien (et Dieu sait qu'elle ne fait rien), on en apprend toujours un peu, on redécouvre certains passages de sa carrière. Et puis toutes ces photos inédites, ça fait quelque chose…

Un soir, on fait une petite fête au fast-food pour saluer le départ de l'un de nos supérieurs. Un départ bien arrosé, je vous passe les détails. Le lendemain matin, enfin vers 13h30, c'est le retour de boomerang… Comme l'année dernière quand mes parents m'ont laissé, je suis épuisé et je n'ai envie de rien… je passe ma journée à surfer sur Internet et à aller intervenir sur les forums, où en fait je ne parle même plus de Mylène. Là, quelque chose me sort de ma léthargie, une prochaine rencontre

« entre fans », comme le pique-nique à Vincennes. Avant, les rencontres entre fans se faisaient principalement autour du banc et dans les cafés en bas de chez Mylène, dans le quartier… Mais maintenant qu'elle a déménagé, et que sa maison est interdite d'accès, les fans ont été poussés à se regrouper ailleurs, autrement, à faire d'autres choses ensemble plutôt que de « l'attendre », même si les journées finissent invariablement devant chez elle… Je trouve que c'est plutôt bien pour ma part.

Mes parents reviennent le 9 juillet mais pour quelques heures à peine. Vivre seul devient finalement le paradis pour moi, et je m'y habitue assez vite. Mes journées se résument à aller travailler, voir mes amis et à pratiquer mon activité favorite, le glandage sur Internet et les forums. Ceci sans compter une alimentation totalement déséquilibrée à n'importe quelle heure. Bien que le clip m'ait déçu, j'aime beaucoup les remixes de « QI » qui viennent de sortir. Cependant, c'est la première fois que je n'achète pas tous les supports de façon frénétique… Autour de moi, certains fans également ne sont plus touchés par la « fièvre acheteuse », qui consiste à tout acquérir en triple exemplaire. Je ne pourrais pas dire si c'est dû au retour mitigé de Mylène… Je ne sais pas. Elle donne tellement peu. Hier soir, j'ai regardé *Giorgino*, je le visionne peu… J'en ai eu envie en lisant dans le hors série de *Mylène Farmer et vous* l'interview de Jean-Claude Périer, auteur d'une mauvaise biographie sur la chanteuse, qui disait que voir ce film relevait de l'exploit. Le revoir m'a permis de relever certains détails que j'avais occultés les premières fois. Mylène y est magnifique et une scène m'a énormément marqué, c'est lorsqu'elle est sur les genoux de sa « tutrice ». Je l'ai trouvée tellement vraie... Mylène est une bonne actrice, elle joue la comédie à merveille. J'aimerais tellement la voir dans un film plutôt que dans un clip. Mais j'ai du mal à l'imaginer dans un rôle autre que celui d'une autiste ou d'une femme fatale à tendance lesbienne… Mylène dans le rôle d'une femme rangée à la quarantaine hétérosexuelle, ce ne serait pas tout à fait son personnage public… à moins qu'elle joue un rôle dans *Sex and the City*, ma série favorite ! Mylène est toujours là où on ne l'attend pas… alors je l'attends…

En parlant de Mylène, je n'ai pas la moindre nouvelle d'elle, il faut dire que je délaisse de plus en plus les fans qui squattent en bas de chez elle. Je ne sais plus ce qu'elle fait, à quelle heure elle sort, qui elle voit… et à vrai dire je ne m'en porte pas plus mal.

juillet 2005

Mardi 12 juillet, à 3h28, j'entre enfin dans mon lit. J'ai passé la journée au Parc Astérix avec mes collègues du fast-food. Ambiance excellente, manèges à sensation et même manèges gnangnan aquatiques sur lesquels on a fait des batailles d'eau, ont rempli la journée. C'était ma première fois dans ce parc et je ne risque pas de l'oublier. Complètement par hasard, je croise même Julie, ma « bulle », qui comptait énormément pour moi il y a peu… Ce fut l'unique touche « farmerienne » de la journée. Après le parc, il a bien fallu « arroser » la journée et nous avons organisé un barbecue sur les bords de l'Oise. Merguez et brochettes de poulets, agrémentées de vodka, whisky et d'autres alcools dont j'ai oublié le nom. Depuis que je travaille, c'est au minimum une cuite par semaine, et là, présentement, c'est la deuxième de la semaine qui vient juste de commencer.

Le lendemain, je suis déjà debout, car c'est le jour du pique-nique entre fans, au même endroit que la dernière fois. Les gens ne sont pas les mêmes, je fais de nouvelles rencontres, avec des personnes que j'ai côtoyées virtuellement sur Internet pendant longtemps. L'ambiance est différente de la dernière fois, et on s'ennuie un peu. Je me sens distant face à eux, les délires sont différents. Ils n'ont rien à voir avec les fans que je voyais avant, eux ne « vivent » pas pour Mylène, ils ont une relation beaucoup plus saine envers elle. Ils la perçoivent avant tout comme une artiste, et non comme une déesse. C'est sans doute mieux, mais moins « délirant ». Le soir, je reste avec Nathalie, qui a fait le retour avec moi. C'est notre deuxième soirée ensemble, nous ne nous étions pas revus depuis, mis à part sur Internet et au téléphone. La nuit est courte ou longue c'est selon, mais belle. Nous nous réveillons tard, restons un peu couchés et partons petit-déjeuner au fast-food (oui oui, je sais !)

Mercredi 20 juillet, 23h57, je reprends la plume après l'avoir délaissée... J'ai eu une fin de semaine assez difficile. Mes parents sont rentrés mais ma mère est tombée dans les rochers, elle est un peu « abîmée ». Quand j'ai appris qu'il lui était arrivé quelque chose, j'ai pris peur et je n'ai pas dormi de la nuit. Maintenant ça va mieux, je m'y suis fait. Le pire je crois, a été de l'entendre sur le répondeur me disant qu'elle était aux urgences, qu'elle avait eu un accident mais qu'elle allait bien. Je ne sais pas comment expliquer le malaise que j'ai ressenti. Ma maman, c'est ma maman, c'est toute ma vie, et je dois dire qu'elle m'a fait très peur. À part ça, j'avance sur le roman, j'ai eu un nouveau rendez-vous avec mon « éditrice » Caroline Bee. Nous avons beaucoup parlé du livre en préparation, du travail à faire et celui que je fais déjà. Agréable moment. En rentrant, je suis tombé par hasard sur un de mes collègues du fast-food, avec lequel j'ai fait le trajet. Ce soir, je ne ressens pas la fatigue, j'ai eu une journée apaisante… J'ai une envie d'écrire qui me dévore. J'ai eu beau regarder mes séries préférées à la télévision, il a fallu que j'aille dans le noir chercher l'ordinateur portable à l'autre bout de la maison pour écrire. Un besoin vital. Quand j'étais au lycée, j'écrivais souvent à mes petites amies ou à des filles dont j'étais très proche. Je leur adressais de longues lettres le soir, avec toujours une petite page réservée aux paroles de Mylène, des extraits de chansons qui symbolisaient mon état d'esprit et la relation que j'avais avec la personne. En ce moment, je retravaille mon journal, mon roman… Ma « contamination », mon arrivée à Paris, les débuts devant chez Mylène. Je puise dans mes souvenirs, je replonge dans les correspondances que j'ai eues avec d'autres fans… je ressens beaucoup de choses… Cela remue énormément d'émotions en moi. J'y retourne…

Mardi 26 juillet, 21h03, après une fin de semaine familiale et une journée catastrophique hier – fuite dans la salle de bains qui a donné un air de *Waterworld* à l'appartement –, je m'accorde une sortie parisienne avec deux amis fans de longue date. Cela faisait tellement longtemps… Petit pèlerinage devant l'ancien chez Mylène, séquence souvenir et nostalgie, promenade place Vendôme, pour terminer aux Tuileries, au milieu des manèges… J'ai toujours aimé les manèges… Après quelques tours, la seule fille de nous trois nous abandonne et nous partons vers le « nouveau chez Mylène ». Là, je découvre que la grille arrière de la résidence a été défoncée… Ce qu'on m'a raconté est donc vrai… De jour comme de nuit, certains fans continuent leur traque inlassable, comme j'ai pu le faire moi-même… Je me sens si loin de tout ça, de toutes ces agitations… J'en fais part à mon ami… Nous avons grandi et mûri depuis le déménagement de Mylène…

épilogue

août 2005

Je mets les dernières touches à mon manuscrit... Je vais bientôt rentrer en seconde année de BTS assistant gestion, toujours dans mon lycée. Je continuerai à travailler dans le même fast-food, mais aussi de temps en temps dans la librairie où j'ai effectué mon stage. Travailler sur le livre m'a permis de me rappeler mon passé, mes rencontres, mes bons moments comme les mauvais.

Mylène... elle me manque énormément. Je n'ai pas retrouvé celle que j'aimais... Jamais plus je ne pourrai la suivre ou la guetter comme je l'ai fait, mais son retour artistique m'a déçu. J'espère qu'elle me reviendra et qu'elle me fera l'aimer à nouveau. Elle a été tellement importante dans ma vie, dans ma construction...

Je ne sais pas comment sera la suite... Je l'appréhende un peu, comme tous les jeunes adultes de mon âge. J'espère que Mylène ne prendra pas mal ce livre, il n'est pas contre elle, ni pour elle. Je ne pense pas être dur envers elle, ni vraiment dévoiler son intimité.
Ce livre est avant tout ma vie et mon parcours de fan. Ces fans dont les médias parlent beaucoup mais qu'ils ne connaissent pas et qu'ils caricaturent à l'extrême. Quant à moi, je vais vers le bonheur...

remerciements

En tout premier, je tiens à remercier Caroline Bee et Jean-François Kowalski qui ont réalisé un de mes rêves, et qui ont cru en moi en me permettant de publier ce livre.

Merci aussi à tous ceux qui ont contribué à sa sortie.

Bien évidemment ma famille, avec un remerciement spécial à ma « mamie » car sans eux je ne serais pas là pour parler.

Un gros merci à tous mes amis que j'aime et qui, j'espère, m'aiment aussi, qu'ils soient fans ou non. Sarah, Sandrine, Remi, Sylvie, Shirzane, Georges, Julie… et j'en passe… je pense à vous.

Merci à ceux qui achèteront ce livre et financeront ma retraite, non je plaisante, merci à vous de m'avoir lu.

Un petit bisou pour Amélie Nothomb, elle comprendra pourquoi…

Et comment oublier Mylène Farmer et Laurent Boutonnat. Vous m'avez apporté énormément, que ce soit au niveau culturel, social… Vous m'avez énormément appris. Merci pour tout…

composition par Tear Prod

achevé d'imprimer en novembre 2005 sur les presses de Jouve,
11 bd Sébastopol, 75001 Paris

imprimé en France / printed in France

n°384434A / dépôt légal : novembre 2005

n°isbn : 2-915957-04-5

édité par
K&B Jean-François Kowalski Caroline Bee,
une marque de la société Tear Prod, 69 rue Ampère, 75017 Paris, France
Fax : +33 (0)1 48 45 80 67 / E-mail : kandb@kandb.fr

les éditeurs remercient
Marie-Thérèse Kowalski